MORTE
a essência da vida

Barbara Becker

MORTE
a essência da vida

Como encontrar nas perdas
o cerne de nossa existência

TRADUÇÃO
Lígia Azevedo

TÍTULO ORIGINAL *Heartwood: the art of living with the end in mind*

© 2021 by Barbara Becker.
Publicado em acordo com Flatiron Books.
Todos os direitos reservados.
© 2022 VR Editora S.A.

Latitude é o selo de aperfeiçoamento pessoal da VR Editora

Alguns nomes e detalhes de identificação foram alterados para respeitar a privacidade das pessoas envolvidas. A cronologia de alguns eventos foi editada para melhor clareza.
Uma versão de "Marisa" apareceu originalmente em *Modern Loss*. Republicado aqui com autorização.
Uma versão original de "Felix" apareceu originalmente em *Salon*.

DIREÇÃO EDITORIAL Marco Garcia
EDIÇÃO Marcia Alves
PREPARAÇÃO Luciane Gomide
REVISÃO Laila Guilherme
ILUSTRAÇÕES DE CAPA E MIOLO Outline tree rings set — Ekaterina Bodyagina/Shutterstock.com;
 Tree vector created by macrovector — www.freepik.com;
 Watercolor vector created by freepik — www.freepik.com
PATTERNS MediaLoot.com; Pixeden.com
FOTOGRAFIAS Cortesia da autora
PROJETO GRÁFICO by Donna Sinisgalli Noetzel
CAPA E DIAGRAMAÇÃO Pamella Destefi

Dados Internacionais de Catalogação na Publicação (CIP)
(Câmara Brasileira do Livro, SP, Brasil)

Becker, Barbara
 Morte: a essência da vida: Como encontrar nas perdas o cerne de nossa existência / Barbara Becker; tradução Lígia Azevedo. — Cotia, SP: Latitude, 2022.

 Título original: Heartwood: the art of living with the end in mind
 ISBN 978-65-89275-20-6

 1. Autoajuda 2. Becker, Barbara — (Barbara Anne), — Família 3. Becker, Barbara — (Barbara Anne), — Amigos e associados 4. Famílias 5. Luto — Aspectos psicológicos 6. Morte — Aspectos sociais I. Título.

22-98827   CDD-155.937

Índices para catálogo sistemático:
1. Luto: Aspectos psicológicos 155.937
Aline Graziele Benitez — Bibliotecária — CRB-1/3129

Todos os direitos desta edição reservados à
VR EDITORA S.A.
Via das Magnólias, 327 – Sala 01 | Jardim Colibri
CEP 06713-270 | Cotia | SP
Tel.| Fax: (+55 11) 4702-9148
vreditoras.com.br | editoras@vreditoras.com.br

*Para
George e Alice Becker,
meu cerne;
Dave, Evan e Drew,
meus anéis de crescimento*

sumário

nota da autora   xi

MARISA	1
MAUREEN	6
ANN	12
ARDEN E ADELE	20
CONSOLEE	30
MAC	37
CHRIS	49
SRA. B, QUARTO 724	57
OS ANCIÃOS	60
PRIYA, QUARTO 714	70
FELIX	75
SR. R, QUARTO 734	82
DUAS TARTARUGAS	88
SR. K, QUARTO 718	93
URSO GENEROSO	97
MEU PAI	106
SRA. D, QUARTO 710	113
FILHOS DA ÁGUA	118
TRACY, QUARTO 700	122
MEUS PAIS	129
A CASA NA HURON ROAD	140
BARBARA	144

PÓS-ESCRITO: CERNE   149

agradecimentos   155
notas   161

cerne

(cer.ne)

substantivo

1 parte interna do tronco das árvores, entre o alburno e a medula, formada por células mortas, em que não ocorre o transporte de água, ger. de cor escura... (*Houaiss*)

2 ensinamento de Buda, comparando as camadas de uma árvore — os galhos e as folhas, o súber e a feloderme, o alburno — às descobertas espirituais que podem distrair uma pessoa antes que ela se dê conta da libertação inabalável da mente, ou "cerne". (*Mahasaropama Sutta*, ou "O grande discurso do símile do cerne")

3 um lembrete para abraçar o caráter inseparável da vida e da morte, os anéis de crescimento e o cerne... uma mensagem de plenitude (autora)

nota da autora

"Eu pretendia escrever sobre a morte, mas a vida me interrompeu, como sempre", Virginia Woolf escreveu em seu diário, em 17 de fevereiro de 1922. Ah, como eu a compreendia, porque eu também tinha me determinado a escrever sobre a morte.

Na infância, depois de descobrir que alguém precisava morrer para que eu vivesse, a morte se esgueirou silenciosamente para a minha casa e se declarou minha professora. Sua aparição inicial foi mais gentil do que devastadora, e eu estava aberta, sentindo os primeiros sinais da curiosidade da juventude. "Não se exige nada de você, apenas que preste muita atenção", ela parecia dizer. Mais tarde, eu a temi e desprezei, e me ressenti profundamente dela, muito embora continuasse sentindo que havia coisas de extrema importância a ser testemunhadas. Mas o que se deve aprender com a morte? Como eu podia me mostrar disponível a ouvir? E o que eu devia fazer com esse discernimento, ao modo prático e imediato de uma mulher moderna tocando a vida?

Havia histórias que eu queria contar, pessoas a quem eu queria homenagear, coisas que a morte havia me sussurrado e a que eu queria dar voz através da escrita. Meus amigos Nancy e Jordan me emprestaram a casa deles na praia, em Nova Jersey, por alguns dias, para que eu pudesse usufruir do silêncio que nunca encontrava no meu apartamento na cidade, tão cheio de energia adolescente que eu me referia a ele como uma casa de fraternidade, brincando só em parte.

Era começo de março, de modo que o clima não estava para praia. Coloquei o *laptop* na escrivaninha de Nancy, que dava para o mar, e deixei as persianas abertas. O sol refletia na água, a vegetação soprava para o sul, como o cabelo comprido de uma fileira de estudantes ao vento, e um par de pombas arrulhava sobre os fios telefônicos do outro lado da janela. Em dez minutos, fechei o *laptop*, coloquei um casaco e um gorro e corri para fora, para me juntar à sinfonia da vida.

Meus avós paternos cresceram em uma cidade vitoriana na costa de Nova Jersey. Sempre que caminho à beira-mar, penso neles, vestidos com roupas de banho pretas e modestas que tanto mulheres quanto homens usavam nos anos 1920. Penso em meu pai como uma criança no carrossel, a estrutura ornamentada agora isolada por alambrado e cadeado.

Eu me lembro da mãe da minha mãe, aos oitenta anos mas infantilizada pela demência, pedindo para ver o mar pela última vez. Lembro-me de como minha mãe e eu a colocamos no carro e dirigimos uma hora e meia até a praia. Demos a ela um bolinho frito polvilhado de açúcar, em um banco sob um gazebo, mas não caiu bem, então passamos uma hora no banheiro público, limpando-a. No dia seguinte, em casa, ela olhou para nós e disse: "Nossa, eu adoraria ver o mar uma última vez", já tendo esquecido nossa excursão.

Também me lembro da minha amiga de infância, Marisa, sentada à beira da água enquanto construíamos um castelo de areia, esperando pacientemente que gotas com areia caíssem de nossas mãos unidas, uma a uma, até formar torres que rivalizassem com qualquer coisa que Gaudí pudesse ter imaginado.

Todas essas pessoas, todos esses grandes amores da minha vida, se foram. Sinto saudades de cada uma delas. Às vezes, ainda acordo chorando. Aprendi que essa dor é parte da minha jornada. No entanto há algo mais, uma essência alentadora que permanece depois de cada morte, de cada partida. Todas essas pessoas — meus avós, meus pais, Marisa e outras — se tornaram parte do meu cerne.

Cerne. Na poesia da natureza, encontrei uma metáfora de perda e vida, de mãos dadas, aprimorando uma à outra. Afastando-se da costa, há acres de floresta, nos quais fiquei sabendo de sua existência. Se você já teve a chance de ver um corte transversal do tronco de uma árvore, deve ter notado um núcleo

nota da autora

central, mais escuro que o alburno que o cerca. É o cerne, um pilar de sustentação que já não participa da vida da árvore, transportando e armazenando água e nutrientes. Embora morto, o cerne não se deteriora nem perde seu vigor enquanto os anéis externos, vivos, mais novos, o protegem.[1] Na ecologia perfeita de uma árvore, a morte é o coração da vida, e a vida nutre a essência duradoura da morte.

Assim é conosco: a vida e a morte não podem existir separadas. O cerne tem a ver com a força do que nos resta e a virtude de ouvir nossa fonte mais íntima de estabilidade e quietude. Tem a ver com de que forma confiar no ciclo natural da vida e da perda pode nos ajudar a viver melhor. Aplica-se igualmente a tempos ordinários e às maiores provações, quando a certeza de nossa existência é questionada.

Aprendi que se abrir à morte é um modo poderoso de aprender sobre a vida. Que, quando paramos de fingir que vamos viver para sempre, certa tensão começa a se soltar. Devagar, conforme nos permitimos relaxar nossa tentativa de controlar as circunstâncias, uma sensação de liberdade emerge de dentro de nós. Ainda que pouca coisa tenha mudado no exterior, ainda que a perda continue nossa companheira, nossa paisagem interna é renovada. Assim, valorizamos mais a nós a mesmos e aos outros. Às vezes, como os grandes mestres ensinaram, temos que morrer antes da morte para viver verdadeiramente.

Morte: a essência da vida

MARISA

"Em termos estatísticos, meu tempo acabou há pelo menos um ano. Mas continuo aqui", escreveu minha amiga de infância Marisa, no início de sua publicação no Facebook intitulada "25 coisas aleatórias sobre mim". Li e reli essa lista tantas vezes que quase a decorei.

Marisa e eu nos conhecemos no dia em que a família dela se mudou para nossa rua, no subúrbio de Nova Jersey. Tinha cabelo enrolado e era a filha mais nova de uma família sociável de católicos de ascendência italiana. Eu tinha cabelo oleoso e era uma rata de biblioteca, a filha mais velha de uma família de protestantes reservados. O irmão dela e os meus eram inseparáveis. Nas noites de verão, enquanto nossos pais faziam churrascos juntos, brincávamos de esconde-esconde em meio às árvores.

Marisa descobriu o calombo do tamanho de uma bola de gude em seu seio esquerdo dez meses antes do casamento com o namorado dos tempos da escola, David. Tinha trinta anos. Depois da lumpectomia, uma dezena de sessões de químio e umas trinta de radioterapia, Marisa e David se casaram, enquanto minha mãe passava um pacote de lenços de papel pelo banco da igreja. Eles doaram uma parte dos presentes de casamento para a pesquisa sobre o câncer e foram morar em uma casa toda arrumadinha em Main Line, na Filadélfia.

Enquanto isso, eu estava casada com meu próprio David. Tínhamos dois filhos e morávamos em um apartamento na cidade de Nova York, lotado de livros e brinquedos. A vida era agitada, mas feliz. Eu via Marisa nos encontros de Natal de nossas famílias, em Nova Jersey, e mantínhamos contato pela internet.

Quando Marisa estava com 39, o câncer já estava em seu fígado, sua medula, seu crânio, suas costelas, seu quadril e seus nódulos linfáticos. A reação dela foi focar no que lhe dava alegria. Pequenas coisas, como o número 12 da lista de coisas aleatórias no Facebook — "Sou viciada na *Us Weekly*" —, ou o número 15 — "Amo uvas-passas cobertas com chocolate". David aparecia em dois números da lista: 6 — "Meu marido é a pessoa mais engraçada que conheço. E a mais leal" — e 25 — "Acredito de verdade que meu marido e eu fomos feitos um para o outro".

A luta de Marisa me afetava bastante. Depois de ler sua lista pela primeira vez, comecei a acordar às três da manhã, sem ar. No quarto escuro, eu me sentava com as costas apoiadas na cabeceira da cama, puxava os joelhos para junto do peito e pensava na mortalidade — na de Marisa e na minha.

Para combater a ansiedade, eu lia. Devorei tantos livros sobre o sentido da vida que meu marido começou a balançar a cabeça toda vez que eu chegava em casa com um novo, da biblioteca. Quando criança, eu manifestava um estranho interesse pela coleção de seis livros coloridos que meu pai tinha sobre religiões do mundo (budismo, hinduísmo, islamismo, judaísmo, catolicismo e protestantismo), o que me abriu um vasto e empolgante universo de crenças e rituais que extrapolavam nossa cidadezinha. Meu pai me dissera que havia comprado a coleção para saber mais sobre seus colegas do hospital, que vinham do mundo todo. Agora, como se canalizasse meu eu infantil, começava a procurar palavras de sabedoria sobre a vida, a morte e o significado de tudo. Descobri que religiosos e sábios, que iam de Henry David Thoreau a Rumi e o Dalai-Lama, há muito nos imploram para viver tendo em mente o fim. Uma revista de estudos científicos defendia que pensar na mortalidade podia ser bom no sentido de redefinir prioridades quanto a objetivos de vida e valores.[2] Até mesmo Steve Jobs dizia: "A morte é muito provavelmente a melhor invenção da Vida. É seu agente de mudança".[3]

Decidi testar essa visão vivendo um ano da minha vida como se fosse o último, o que provavelmente teria feito a própria Marisa revirar os olhos, achando graça, se eu tivesse lhe contado a respeito. Embora eu não tivesse o hábito de rezar, todas as manhãs fechava os olhos e dedicava aquela experiência a Marisa. Depois eu preenchia a lacuna: *Não quero morrer sem...*

marisa

Depois que Marisa me escreveu contando que amara a viagem à Itália que fizera com a família entre as sessões de quimioterapia, marquei uma viagem para a Turquia, que eu vinha adiando para quando as crianças crescessem. Eu havia lido que as pessoas costumam chegar ao fim da vida arrependidas do que *não* fizeram, e não do que *fizeram*? Estava determinada a não cometer o mesmo erro. Em Istambul, Dave, os meninos e eu bebemos suco de romã feito na hora em meio às ruas de paralelepípedos e assistimos aos dervixes rodopiantes em transe, com uma palma estendida e virada para cima para receber as graças dos céus, e a outra virada para baixo para passá-las à terra.

Depois me dediquei ao trabalho. Aproveitei minha flexibilidade como consultora de estratégia de comunicação para desenvolver uma campanha sem fins lucrativos em prol dos refugiados do norte da África. Minha renda diminuiu, mas senti que tinha um propósito na vida. Fiz um retiro silencioso de dez dias, plantei bulbos de tulipa e narciso em um terreno cheio de fuligem à sombra da ponte Williamsburg e fui mais paciente com meus filhos, levando em conta que cada interação podia ser a última. Dave e eu assistíamos de mãos dadas a reprises de *Saturday Night Live.*

Devagar, compreendi que minha busca era um convite para participar mais plenamente dos assuntos cotidianos. De início, procurei um sentido à margem do Bósforo, quando as respostas podiam ser encontradas igualmente no meu novo jardim, com o barulho dos trens passando pelos trilhos acima. Meditar em casa, no chão pontilhado de peças de Lego, parecia mais útil do que me sentar perfeitamente alinhada em uma almofada em uma sala tranquila. Eu chorava, aberta e frequentemente, por Marisa e sua família, agradecida pelo presente que sem querer havia me dado.

Perto do fim do meu experimento de 365 dias, os médicos de Marisa disseram a ela que não havia mais nada que pudessem fazer. Contratei uma babá e fui até a casa dos pais dela, onde Marisa estava. "Talvez você pense que fazer companhia a alguém que está morrendo resulte em importantes conversas sobre o significado da vida", o capelão de uma unidade de cuidados paliativos havia me dito. "Mas não é isso. Às vezes, tudo o que se espera é que você apareça para que vejam televisão juntos."

Encontrei Marisa deitada no sofá, olhando para a TV desligada. Ela se virou para me cumprimentar, com a voz fraca e etérea, devido aos tumores em sua laringe. Caímos naturalmente em nossas histórias de infância. Em como deixamos que nossos irmãos, como Evel Knievel, descessem de bicicleta por uma rampa e passassem por cima de nós, deitadas no asfalto, prendendo o ar. No verão em que os pais dela alugaram um trailer e, depois que decidiram que campings não eram para eles, ficaram estacionados na casa que tínhamos alugado na praia.

Marisa (à esquerda) e eu na ilha de Long Beach, Nova Jersey

— Todas as minhas lembranças importantes da infância envolvem você — Marisa disse, com as pálpebras pesadas.

— Sei que você vai me... — comecei a mentir, então fechei a boca.

Recuei um pouco. Ela parecia mais velha que seus quarenta anos. Seu cabelo estava curto e falho, sua pele, acinzentada.

marisa

    Eu queria desesperadamente que algo extraordinário acontecesse, que uma pérola de sabedoria fosse proferida, que viesse o momento *deus ex machina*. Mas tudo parecia estacionário e comum no cômodo iluminado pelo sol em que havíamos passado incontáveis horas brincando quando crianças. No que seria nosso último mês juntas, nos inclinamos uma para a outra e deixamos que nossas testas se tocassem, como sempre.
    Marisa morreu cinco dias depois que meu experimento de um ano chegou ao fim.

MAUREEN

Cresci em uma casa com um fantasma.

Eu tinha oito anos quando a vi pela primeira vez. Naquele dia, enquanto atravessava o longo corredor acarpetado, notei que meu pai havia deixado a carteira na cômoda do quarto. Sabendo que ele estava lá fora, recolhendo as folhas, e que minha mãe estava no mercado, entrei no quarto deles na ponta dos pés, peguei a velha carteira de couro e, com uma hesitação mínima, a abri. Dentro, havia algumas notas, uma foto dos meus irmãos comigo e outra da minha mãe, com seu chapéu engomado de enfermeira e um sorriso amplo no rosto.

Eu estava prestes a devolver a carteira a seu lugar quando notei a pontinha desgastada de algo mais, atrás da foto da minha mãe.

Com cuidado, puxei até que saísse. Uma mulher bonita me olhava da foto em preto e branco. Era mais jovem que minha mãe, tinha o cabelo loiro preso em um coque e usava um casaquinho. Parecia simpática, como alguém que seria legal conhecer.

Não tenho certeza de quanto tempo fiquei lá, olhando para a foto da mulher, tentando entender quem era e por que estava na carteira do meu pai. Fiquei tão absorta que não ouvi a porta da garagem se abrir e minha mãe chegar. De repente, ela estava logo atrás de mim.

— Ah, Annie — minha mãe disse, olhando para a foto e para mim e me chamando pelo nome que só ela e meu pai usavam.

— Quem é essa? — perguntei, porque a indignação e a necessidade de saber superavam o constrangimento de ter sido pega no pulo.

Minha mãe suspirou e se sentou na beirada da cama.

— É a Maureen — ela disse. — A primeira esposa do seu pai.

maureen

Meu pai estava na residência médica na Universidade Yale e vivia virando a noite e à base de cereal matinal quando descobriu que tinha sido selecionado para passar um período em Londres, estudando o trabalho pioneiro no campo da neurocirurgia. Ele aceitou a oportunidade na mesma hora. Seu colega de quarto em Londres era outro aluno de Yale, Sherwin Nuland, ou Shep, que mais tarde entraria para a minha vida não só como amigo do meu pai, mas como o autor de um livro corajoso sobre o que acontece com o corpo humano no fim da vida, chamado *Como morremos*. Mas estou me adiantando aqui.

Maureen era uma enfermeira inglesa de 21 anos, que trabalhava na radiologia do hospital na Queen Square, especializado em tumores cerebrais e traumatismo craniano. Ela era inteligente e animada, e serviu de guia turística para o médico americano. Levou meu pai para conhecer os pais dela, nos arredores de Londres. Eles a chamavam de sua "rosa inglesa". Não demorou muito para que Maureen e meu pai se apaixonassem.

Os dois se casaram em uma cerimônia pequena em uma igrejinha anglicana pitoresca, perto da casa onde ela havia passado a infância. Havia um antigo teixo — árvore associada com a morte desde a mitologia grega e os rituais druidas — em um canto do cemitério da igreja.[4] Uma foto sinistra daquele dia mostrava Maureen e o pai atravessando o cemitério rumo à entrada da igreja, ela com um buquê de botões de rosa e lírios-do-vale na mão.

Meu pai e Maureen passaram a lua de mel em Paris, depois cruzaram o Atlântico para viver juntos em Connecticut. Eles se mudaram para uma casa confortável com varanda, em uma rua pontilhada de árvores. Meu pai voltou a Yale, para terminar a residência, e Maureen encontrou trabalho como enfermeira cirúrgica do hospital universitário.

Em um sábado ensolarado de julho de 1960, os dois se juntaram a colegas do meu pai em um passeio de barco pelo rio Housatonic, ali perto. O rio estava tranquilo e todos se divertiam, até que o colega que pilotava o barco começou a acelerar. Talvez fosse a bebida. Talvez quisesse impressionar os outros. Independentemente do motivo, ele virou o barco sem aviso, e Maureen, mesmo se segurando, foi jogada para fora. O barco a pegou, a hélice cortou seu peito. Em um instante, de acordo com a autópsia, estava morta, em decorrência de traumatismo craniano.

Mergulhadores levaram horas para encontrar seu corpo. Meu pai ficou andando pela margem até a noite, torcendo para que estivesse viva. Só ele sabia que, embora estivessem casados fazia apenas quatro meses, ela estava grávida do primeiro filho deles. A autópsia também confirmou isso.

Esses detalhes não me foram revelados de uma vez só. No dia em que encontrei a foto de Maureen, minha mãe só me disse o nome dela, que também era enfermeira e que havia morrido em um acidente. Era tudo aquilo com que uma criança do terceiro ano era capaz de lidar.

Alguns anos depois, quando meu irmão entregou a meus pais o panfleto do acampamento dos sonhos dele, que abria com a foto de um menino praticando esqui aquático, meu pai socou a mesa e disse que os filhos dele nunca chegariam perto de um barco a motor, e ponto-final. Depois, minha mãe preencheu as lacunas do que havia acontecido no rio. Quando meu pai se mudou para Nova Jersey a trabalho, cinco anos depois da morte de Maureen, "boatos começaram a circular entre as enfermeiras do hospital", segundo minha mãe. Uma versão especialmente tenebrosa dava conta de que a cabeça de Maureen tinha sido decepada.

Já adolescente, conheci Maureen por meio das cartas que ela e meu pai haviam trocado, as quais descobri bem guardadas em uma caixa de sapatos no closet dos meus pais. Nas noites em que eles saíam, eu me sentava no chão com uma lanterna e lia as cartas escritas à mão. Estavam organizadas por data, cada ano envolvido por um elástico. Era um verdadeiro tesouro do amor romântico, que revelava o comprometimento de ambos com o trabalho e seus sonhos para o futuro. Eu torcia para um dia me apaixonar tão profundamente quanto aqueles dois.

maureen

Com frequência, eu saía do closet e sussurrava para meus irmãos algo como: "Já pensaram que nenhum de nós existiria hoje se Maureen não tivesse morrido?". O fato de que alguém precisara morrer para que nascêssemos era um dilema existencial que embaralhava nossa jovem cabecinha.

Às vezes, quando eu estava irritada com meu pai, batia os pés para que ele soubesse que a tragédia que lhe havia acontecido não lhe dava o direito de gritar com meus irmãos ou de olhar *daquele jeito* para a gente — com uma expressão terrível e colérica que me fazia parar o que quer que eu estivesse fazendo sem que ele precisasse proferir uma única palavra.

E às vezes, quando estava irritada com minha mãe, fingia que minha verdadeira mãe era Maureen. A maior parte do tempo, entretanto, eu me perguntava como minha mãe lidava com a presença etérea daquela linda mulher. Tão encantadora, tão constante, tão perfeita que meus pais nunca podiam se dar ao luxo de uma discussão. Quando eu já tinha idade o bastante para articular isso, minha mãe só olhou para mim e disse: "Se alguém que se ama sofre, não há nada que não se possa suportar para ajudar". Eu aprenderia isso na prática depois.

Durante uma caminhada com meu pai, quando eu tinha quase o dobro da idade de Maureen ao morrer, finalmente criei coragem de botar para fora a pergunta que me intrigava fazia anos. O que havia acontecido com o colega dele que pilotava o barco? Fora processado? Meu pai tinha voltado a ouvir falar do homem? Ele balançou a cabeça, devagar.

— Não. Ele logo deixou a universidade e voltou para o lugar de onde era, no sul, fugindo de um possível processo.

— Você odeia o cara? — perguntei.

— Agora não — ele disse.

Depois, eu encontrei o nome do homem em uma cobrança de um escritório de advocacia, que meu pai mantinha meticulosamente arquivada, junto com sua certidão de casamento na Inglaterra e a certidão de óbito de Maureen. Agitada, fui com o papel até o computador e pesquisei o nome do homem. Encontrei-o em segundos. Achei seu currículo (que mencionava o curto período em que

9

estudou em Yale) e o nome da esposa e dos filhos. Encontrei seu patrimônio líquido estimado. Fotos das duas últimas casas em que havia morado. Eu o imaginei no quintal, brincando com os netos, como meu pai gostara de fazer com os dele.

A ideia de ligar para a casa dele, que estava na lista, me assombrou. O que eu diria? *Meu nome é Barbara Becker. Becker. Meu nome talvez lhe soe familiar... Por favor, não desligue. Não liguei para incomodar. É só que pensei em você centenas de vezes ao longo da vida...*

Eu queria desesperadamente dizer a ele que meu pai tinha sido capaz de seguir em frente. De muitas maneiras, foi bem-sucedido. Casara-se com outra enfermeira, minha mãe, a quem ele amava na mesma medida, ainda que de modo diferente, como diria. Tivera três filhos e seis netos. Mesmo depois de se aposentar, o trabalho que realizara parecia ter um significado inesgotável. Como o amigo e antigo colega de quarto de meu pai, Shep Nuland, me escreveu quando trocamos alguns e-mails sobre nosso interesse mútuo na vida e na morte: "Pareço voltar sempre ao mesmo ponto: que os principais fatores de felicidade são encontrar sua ocupação e amar".[5]

Havia mais que eu queria dizer àquele homem. Coisas inimagináveis acontecem. Você pode sair em dois num barco e voltar sozinho. Você aprende que a morte é mais que um único momento na vida. Ela envolve gerações de pessoas: pais, filhos, amigos. Cada um dos envolvidos vai precisar encontrar a própria maneira de lidar com o que aconteceu. Você economiza para contribuir com um laboratório de ciências, pela memória de sua falecida esposa, como meu pai fez. Sem dizer a ninguém, você faz um cheque todo Natal para que alguém coloque uma coroa de flores no túmulo da falecida esposa de seu marido, como minha mãe. Você luta por uma nova lei, como o advogado do meu pai na época, proibindo que pilotos de embarcações em que há suspeita de negligência possam sair do estado para escapar de um processo. Você aprende esqui aquático de alguma maneira, como no caso dos meus irmãos. Você imagina conversas com pessoas para quem você não ligaria de verdade, nem em um milhão de anos, como eu.

Só preciso saber: como foi sua vida?

maureen

De vez em quando você ainda pensa no que aconteceu?
Você contou aos seus filhos?
Você sofreu?
Como a morte dela mudou sua vida?

Maureen e o pai passando pelo cemitério da
igreja, em Buckinghamshire, Inglaterra

Minha cunhada uma vez me perguntou, sincera, por que ainda penso tanto em Maureen, se ela morreu há mais de cinquenta anos.

A morte de Maureen e minha vida estão interligadas, respondi. Quando deparei com ela, senti que não tinha escolha a não ser testemunhar o que havia acontecido. E dar sentido às reverberações dessa história, que continuam se apresentando, assim como ondulações se expandindo na superfície de um lago no outono. Ou de um rio no verão.

ANN

A primeira vez que realmente pensei na minha mortalidade foi quando estava agachada na parte de trás de uma van sendo ameaçada por uma multidão armada com pedras e gravetos.

Não é fácil explicar o que me levou ao interior de Bangladesh, durante um período de instabilidade ideológica e política. Houve uma confluência de fatores, alguns mais lógicos que outros.

Um deles tinha a ver com o fato de que eu estava perdidamente apaixonada por um jovem de Nova York. Eu o havia conhecido na praia, em Nova Jersey, alguns anos antes, testemunhando um simples ato de bondade por parte dele com uma pessoa que eu conhecia e que estava tendo um dia ruim. Qualquer um que ajudasse meu amigo Jimmy, que às vezes tinha dificuldades devido a seu transtorno de desenvolvimento, estava destinado a ser meu amigo também. No entanto, logo descobrimos que havia algo mais que apenas amizade ali. Tínhamos os mesmos valores e interesses. Quando nossos gostos divergiam, achávamos que se complementavam bem. Logo, eu estava passando mais tempo no apartamento dele no Lower East Side que no peculiar conjunto residencial só para mulheres em que eu morava, em Greenwich Village. Eu gostava da família dele, e ele gostava da minha. E nossas famílias se gostavam. Tudo apontava para um compromisso para a vida toda, marcado pela felicidade.

Uma manhã, no entanto, acordei e deparei com ele sentado na cama, enxugando os olhos. Tinha chegado à conclusão de que gostaria muito de ter uma família judia no futuro, ele explicou, baixo, e, embora soubesse que eu era bastante aberta em termos religiosos, não tinha certeza se aquilo funcionaria para mim. Ele explicou que estava dividido entre o amor por mim e o com-

ann

prometimento com sua cultura e sua família, grande parte da qual não havia sobrevivido ao Holocausto.

A ideia de me separar dele era devastadora, mas eu precisava de um tempo sozinha. E de espaço para pensarmos se podíamos dar um jeito de ficar juntos ou se era mesmo o fim. Passar um tempo do outro lado do mundo me pareceu uma boa opção.

Mas o motivo por trás do que me levou a Bangladesh foi um idealismo inocente. Por um golpe do destino, carma ou apenas sorte, nasci em uma época e em um lugar de abundância. Havia comida na minha mesa, amor na minha família e eu era saudável. Sentia que devia compartilhar com os outros as riquezas pelas quais fizera pouco para merecer.

Ao longo do caminho, encontrei outras pessoas igualmente motivadas por certa noção de justiça. Matriculei-me em estudos internacionais na pós-graduação e conheci muitos alunos inteligentes e ambiciosos do mundo todo, muitos dos quais já vinham trabalhando para corrigir os erros que haviam testemunhado. Alguns dos meus colegas tinham vivido em Bangladesh e estudado com Muhammad Yunus, fundador de uma organização muito conhecida que se dedica a erradicar a pobreza, e que depois viria a receber o prêmio Nobel da Paz. Depois que me formei, também procurava um modelo, alguém que unisse idealismo e pragmatismo, alguém que tivesse uma visão e buscasse soluções obstinadamente. Se meu modelo pudesse ser uma mulher, melhor ainda.

Através de uma amiga próxima, consegui um estágio em Nova York, para trabalhar com a acadêmica e ativista Ann Dunham. Como Muhammad Yunus, Ann dedicou sua carreira à erradicação da pobreza. Por muitos anos ela viveu na Indonésia, onde teve despertado o interesse pelo sistema doméstico com o qual algumas mulheres sustentavam a família. Ela acabou se tornando uma pioneira no campo do microcrédito, cujo modelo é distribuir pequenos empréstimos a pessoas de baixa renda para impulsionar seus negócios e ajudá-las a se fortalecer economicamente.

Ann e eu descobrimos um amor mútuo pela antropologia, o campo de especialização dela e meu foco na graduação. Ela gostava de colecionar peças em batique e eu gostava de colecionar máscaras — formas de arte que permitiam que as pessoas se expressassem por meio da própria cultura. Ann exalava uma sabedoria ao mesmo tempo boêmia e maternal no trabalho, de que eu e as outras mulheres da equipe éramos alvo, e quando falava de seus filhos, dos quais tinha muito orgulho. A filha dela tinha acabado a faculdade e estava prestes a embarcar em um mochilão pelo México e pelo sudoeste dos Estados Unidos, e o filho era advogado em Chicago.

Estágios costumam ser monótonos do tipo em que só se arquiva a papelada do supervisor ou um trampolim para oportunidades mais empolgantes. Com Ann, era o segundo caso. A ONU estava à beira da Conferência Mundial sobre a Mulher, em Pequim, que reuniria especialistas e líderes mundiais que prometiam estabelecer a agenda global para a igualdade de gênero pelos anos seguintes. Ann achava que microfinanças era um tema fundamental: só precisava demonstrar os benefícios de emprestar pequenas quantias a mulheres pobres. E era ali que eu entrava, ela me explicou.

— Você já trabalhou com vídeo — Ann disse.

Assenti, ciente de que ambas sabíamos que minha experiência se limitava a ter editado alguns vídeos de baixo orçamento para outra organização sem fins lucrativos. Mas Ann acreditava nas pessoas de um jeito contagiante.

— Quero que você faça um vídeo sobre microfinanças em Bangladesh, com mulheres pobres contando sua história em suas próprias palavras. Vamos transmiti-lo na conferência da ONU na China. Ninguém quer ouvir sobre estatísticas econômicas. É muito chato. Você vai ter que *mostrar* como funciona na prática, como as mulheres usam os lucros para educar as crianças, buscar nutrição e atendimento de saúde apropriados para suas famílias, consertar o vazamento no teto e se tornar líderes. Todo mundo vai sair ganhando.

Mal pude conter meu entusiasmo. O projeto tinha a ver com tudo o que eu vinha estudando e para que vinha trabalhando. Era uma oportunidade de mergulhar nas questões com que eu me importava, de colaborar com uma

ann

equipe feminina de profissionais locais, de ser criativa e persuasiva. E era o momento perfeito, já que eu precisava de espaço no meu relacionamento/não relacionamento.

— Faça o seu melhor — Ann instruiu, com um abraço, antes que eu deixasse o escritório em Manhattan.

— Nem sei o que dizer, Ann — falei.

— Você não precisa dizer nada — ela respondeu.

Tudo começou bem. Aconselhada por meus colegas de classe que haviam morado em Bangladesh, comprei alguns conjuntos de *shalwar kameez* bem modestos, que consistiam em uma túnica de manga comprida e uma calça larga, ainda no Queens, em Nova York. Reservei um quarto em uma pensão em Daca que costumava ser ocupada por expatriados.

Quando cheguei a Bangladesh, a inquietação predominava. Uma médica e escritora chamada Taslima Nasrin tinha publicado um romance sobre as tensões entre hindus e muçulmanos. Os líderes muçulmanos exigiam que ela fosse condenada à morte por sua suposta crítica ao Islã e sua posição clara quanto à necessidade de uma nova ordem, que incluísse as mulheres como iguais. Nasrin estava escondida, e havia um número crescente de ameaças contra organizações estrangeiras que forneciam assistência às mulheres e aos pobres.

Assim, eu me vi no meio de uma conflagração por conta de questões em que acreditava, mas em um contexto que conhecia muito pouco. O medo começou a se esgueirar onde antes só havia empolgação com a oportunidade.

Em um fim de tarde, eu estava em uma van com outros dois estrangeiros — uma pessoa das Filipinas e outra da África do Sul — e três bengalis. Estávamos voltando de uma visita de três dias a um vilarejo na região norte do país. A viagem tinha sido ótima. Eu havia visto mulheres receberem seu primeiro empréstimo com lágrimas nos olhos, sob os aplausos de outras que tinham se beneficiado do sistema anteriormente. Elas me achavam peculiar. Inclinavam-se sobre meu ombro e ficavam me vendo fazer anotações em um alfabeto que não lhes era familiar. Uma perguntou ao tradutor se eu estava doente — nunca tinha visto ninguém com a pele tão branca, e se perguntava se eu não precisava me deitar um pouco. Uma noite, a família do gerente do banco local matou uma galinha e nos presenteou com a refeição pronta, orgulhosamente. Fazia anos que eu não comia carne, mas não queria insultar ninguém, por isso fiz o meu melhor para comer alguns pedacinhos. À noite, as mulheres transformavam uma mesa de madeira do escritório em uma cama confortável apenas com alguns cobertores, e eu dormia surpreendentemente bem.

Não fazia mais de uma hora que voltávamos à capital quando vimos na estrada uma barreira de pneus queimando, exalando uma fumaça preta e densa. Havia um grupo de uns vinte homens ali, e mais chegavam, muitos deles carregando paus e tijolos. O motorista murmurou algo em bengali, que devia ser um xingamento ou uma prece. Eu tinha lido a respeito de *hartal*, uma greve planejada que fechava os negócios e os transportes, mas nunca presenciara tal coisa. Aqueles conflitos políticos vinham acontecendo com frequência ao redor do país, e eu sabia que algumas pessoas que passavam pelo bloqueio já haviam acabado feridas ou até perdido a vida. Como vínhamos do vilarejo, presumimos que a manifestação já tivesse acabado e que não haveria problema em passar pela estrada. Mas uma multidão cercou rapidamente a van, e não tínhamos como voltar.

Minha boca ficou seca. Eu me certifiquei de que meu cabelo loiro estava todo coberto pelo *dupatta* marrom. Baixei o rosto e me afundei no assento, enfiando a câmera entre meus pés.

Vários homens se aproximaram e olharam pelas janelas da van, ameaçadores. Uma fúria interna pareceu iluminar seus olhos, e eles começaram a bater no vidro. De repente, a porta atrás de mim foi aberta. Ouvi um homem gritar:

— América! América!

Talvez tivesse visto minha trança loira, mas não tinha como saber que eu era americana. Eu me joguei no chão da van, tentando escapar de seu alcance.

A porta do motorista foi forçada também. Um homem empurrou o mo-

ann

torista para o assento do meio e assumiu o controle do volante, partindo a toda velocidade. O que estava acontecendo? Era um sequestro? O que aconteceria conosco? Eu era a única mulher — o que aconteceria comigo?

Tudo parecia acontecer em câmera lenta, como se eu pudesse ver cada momento quadro a quadro. Vi a têmpora do filipino à minha frente pulsar, conforme ele cerrava o maxilar. Ouvi uma troca de palavras acaloradas entre os passageiros bengalis e o motorista, que me pareceu impossivelmente clara, embora não fizesse nenhum sentido para mim.

Enquanto acelerávamos, notei o sol se pondo à minha direita, uma esfera rosa enorme sobre um campo completamente verde. Uma sensação de calma tomou conta de mim. Imaginei alguém chegando à casa dos meus pais, em Nova Jersey, e dizendo que eu havia morrido. Eu queria confortá-los, queria que soubessem que meu fim não fora tão ruim, que tinha encontrado um momento de paz.

Não tenho ideia de quão longe estávamos, ou por quanto tempo tínhamos dirigido, quando, numa comunicação totalmente sem palavras, os três homens na fileira à minha frente, assim como nosso motorista contratado, pareceram tomar uma decisão coletiva. O homem atrás do nosso sequestrador se levantou, se inclinou para a frente e abriu a porta do motorista, com a van ainda em movimento. Os outros homens empurraram o sequestrador pela porta. Nosso motorista contratado voltou ao volante e recuperou o controle da van. A paisagem era um borrão enquanto corríamos em direção a Daca.

Ninguém disse nada. Minutos se passaram. Finalmente, eu disse uma das únicas palavras em bengali que conhecia: *dhanyabad*, obrigada. Não tive resposta.

— Foi por pouco — eu disse, insistindo, porque precisava liberar a adrenalina que meu corpo produzia. De novo, minhas palavras só encontraram silêncio. Eu não sabia se o estoicismo era cultural ou relacionado a gênero. Era como se nada tivesse acontecido.

Deixei Bangladesh um mês depois, com o vídeo finalizado na minha mala de mão. Apesar do incidente, adorei muitas coisas no país. Sempre me lembraria do *adhan*, o chamado para a prece feito cinco vezes ao dia e amplificado pelos alto-falantes crepitantes sobre os minaretes das antigas mesquitas de Daca; da hospitalidade dos colegas, que me receberam em suas casas e me ofereceram bandejas de doces polvilhados com cardamomo; e das áreas rurais onde mulheres usando sáris coloridos colocavam seus bebês em meus braços, compartilhando o que tinham de mais valioso por alguns minutos, mal disfarçando seu desejo de que uma mulher solteira de vinte e poucos anos começasse logo uma família. Mesmo antes de pisar no avião que me levaria de volta para casa, essas experiências e o inexplicável momento de paz que encontrei em meio a um ataque me convenceram de que ser espectadora na vida não era uma opção. Eu queria me embeber de conexão humana e me deleitar com as maneiras como somos diferentes, mas fundamentalmente parecidos.

Pouco depois de meu retorno a Nova York, Ann Dunham, que só tinha 52 anos, soube que tinha câncer terminal, depois de um diagnóstico e um tratamento equivocados de apendicite. Ela não conseguiu ver a exibição de nosso vídeo, a que os representantes em Pequim reagiram positivamente. Não tive a oportunidade de voltar a falar com ela, e o vazio de nosso relacionamento inacabado me marcou.

Depois, soube que, enquanto Ann morria no hospital, sua filha leu para ela a história de um livro de contos folclóricos em que um ser humano se transforma em pássaro e alça voo. A filha disse a Ann que ela também podia alçar voo, como um pássaro. Quinze minutos depois, Ann morreu. Senti as lágrimas vindo ao ouvir essa história e torci para que, quando a hora chegasse, eu pudesse ter a mesma presença de espírito com meus pais.

Anos depois, vi uma foto de Ann no jornal, abraçando carinhosamente um menino negro. Era o filho dela — que um dia se tornaria presidente dos Estados Unidos.[6]

ann

Visitando as mulheres que recebiam empréstimo do Grameen Bank, em Bangladesh

Penso em Ann com frequência, e com profunda gratidão, não apenas por ter sido um modelo para mim, mas também por me ajudar inconscientemente a resolver a questão com meu namorado, dando-nos o espaço de que precisávamos.

Voltei para casa e o encontrei me esperando no aeroporto, com um buquê de girassóis, minhas flores preferidas. Juntos, entramos em um curso intensivo para não judeus interessados em uma compreensão mais ampla do judaísmo e para judeus em busca de uma conexão maior com o legado e as tradições de seus antepassados. Líamos a Torá, visitávamos uma sinagoga diferente a cada semana e aprendemos a recitar orações com uma taça de vinho e o chalá que trançávamos com as próprias mãos.

Com o tempo, o sonho de que um dia teríamos uma família judaica estava no meu coração também. Ele aceitou que, no meu caso, o sentido da vida viria mais provavelmente de vários lugares do que de um só. Alguns anos depois, estávamos no alto de uma montanha, em uma chupá feita do *talit* que pertencera ao avô dele. Diante de nossos familiares e amigos, prometemos ficarmos juntos independentemente do que a vida nos trouxesse, até que, como Ann, nos tornássemos pássaros, prontos para alçar voo.

ARDEN E ADELE

Aspen, Colorado. Eu queria muito amar aquela cidade, e por um momento amei mesmo.

Fazia dois anos que Dave e eu tínhamos nos casado quando fomos a uma conferência em um resort, o tipo de lugar com lareiras de pedra grandiosas e lustres feitos de galhadas de alces. A neve brilhava sobre as montanhas majestosas, e a cidade fervilhava com um festival de tema nórdico, esculturas na neve e fogos de artifício. Quando inspirei o ar fresco, quase pude ouvir John Denver cantando "Rocky Mountain High".

Os primeiros meses de gravidez tinham sido pura alegria, e eu estava certa de que vinha fazendo tudo certo. Não fui esquiar com Gary e Chris, grandes amigos nossos de Nova York que também estavam na cidade, e preferi fazer uma caminhada lenta por uma trilha que acompanhava o rio e era ladeada por álamos, com seus troncos esbranquiçados. No coquetel realizado numa galeria de arte, pedi água com gás com limão espremido. Depois, em vez de entrar no ofurô de cedro, fui direto para a cama com Dave, quando ainda era cedo.

Depois de um ano de tratamento para a infertilidade, comecei a me sentir mãe no instante em que descobri que estava grávida. Era o fim das manhãs de ansiedade, sentada na sala de espera da clínica lotada, sentindo-me nada mais que um sobrenome/nome/data de nascimento. Agora, eu me pegava cantarolando baixo para o serzinho que crescia dentro de mim. Estava deslumbrada com o milagre da vida, com o modo como a união microscópica do meu DNA com o de Dave se transformava dia a dia na pessoa que nos tornaria uma família de três. À noite, pensávamos em nomes para menina e menino, de preferência curtos, já considerando o sobrenome longo de Dave.

arden e adele

Estávamos esperando a última consulta do primeiro trimestre, quando voltássemos de Aspen, para contar da gravidez. Nem mesmo Gary e Chris sabiam, embora Chris tivesse erguido uma sobrancelha e sorrido quando eu tentara engolir disfarçadamente uma vitamina com o suco de laranja do café da manhã.

De volta a Nova York, numa manhã de segunda, eu soube que havia algo de errado quando a técnica de ultrassom, que momentos antes fazia perguntas sobre a viagem, de repente parou de falar. Seu rosto ficou sem expressão enquanto ela olhava para o monitor.

— O que você está vendo? — perguntei, assustada.

— Aguarde só um minuto que o médico já vem — ela disse, sem me olhar nos olhos.

Quando a porta se fechou, peguei o celular para ligar para Dave.

— Tem algo errado — eu disse, com lágrimas já rolando pelas bochechas.

Alguns minutos depois, o médico já estava na sala, usando jaleco branco.

— Bom dia — ele murmurou, tornando-se a segunda no que parecia ser uma longa fila de pessoas que não olhariam na minha cara. Observei atentamente enquanto ele colocava as luvas de látex, ajustava o transdutor do ultrassom, depois se aproximava da tela para enxergar melhor.

Os batimentos cardíacos, que em exames anteriores se mostraram tão fortes e constantes, não eram mais ouvidos.

Dois dias depois, Dave e eu estávamos em um centro cirúrgico ambulatorial, para a curetagem. Meus olhos estavam inchados de tanto chorar, e meu único conforto era a mão quente de Dave segurando a minha, gelada.

Tínhamos discutido sobre contar ou não às pessoas sobre a perda do bebê. Dave queria contar. Eu achava complicado. Não tínhamos revelado a ninguém a gravidez, muito menos nosso histórico, e me parecia exaustivo e indigesto dividir aquilo. O mero fato de que tínhamos procurado tratamento provava que meu corpo não era capaz de fazer o que tinha sido projetado para fazer, eu disse a Dave. Antes mesmo de terminar de falar, eu sabia que nunca aceitaria que uma amiga dissesse aquele tipo de coisa.

— E se me culparem, se acharem que fiz algo de errado, como ir de avião a Aspen? — perguntei. Uma sensação inabalável de culpa tinha se alojado dentro de mim.

— Ninguém que conhecemos seria assim insensível — ele respondeu.

Antes dos podcasts e blogs, antes que o Facebook tivesse passado pela cabeça de Mark Zuckerberg, eu literalmente nunca tinha ouvido ou lido um relato em primeira mão de infertilidade ou aborto espontâneo. Eu me sentia completamente sozinha.

Fiquei vendo a agulha entrar no meu braço e me senti apenas ligeiramente sedada enquanto a enfermeira colocava meus pés no apoio e abria bem minhas pernas. Na confusão do pânico, os instrumentos na bandeja de aço inoxidável à minha frente pareciam ferramentas de uma câmara de tortura medieval. Dave levou a testa ao meu ombro e sussurrou:

— A gente tenta de novo. Não importa o que aconteça, vai ficar tudo bem.

Naquela noite, eu me recostei nos travesseiros da cama e liguei para meus pais. Quem atendeu foi minha mãe.

— Você pode chamar o papai também?

— Oi, Annie — meu pai disse, animado. — A que devemos o prazer dessa ligação?

Comecei a chorar antes mesmo que as palavras saíssem.

— Perdi um bebê — soltei.

Houve uma breve pausa, então minha mãe disse as duas palavras que estava esperando alguém dizer:

— Sinto muito.

Meu pai ficou em silêncio por um longo momento. Afinal, ele disse:

— Isso também vai passar, Annie.

Uma semana depois, recebi dois envelopes pelo correio. Um continha o relatório médico da curetagem, e eu o abri antes mesmo de tirar o casaco. A amostra de tecido não havia revelado nenhum problema genético. Eu não sabia se devia me sentir melhor ou pior com aquilo. O relatório também revelava o sexo, algo que eu tinha pedido especificamente para não constar, porque tinha medo de me apegar ainda mais. Íamos ter uma menina, se ela tivesse sobrevivido.

O outro envelope era uma carta do meu pai. Ele era reservado na fala, mas aberto na escrita, e eu sabia que me daria algo em que pensar. Peguei um copo de água e me sentei no sofá. Ele tinha a caligrafia típica de um médico, quase impossível de decifrar. Apertei os olhos e li:

Pensei em dividir com você algo que me ocorreu com o passar dos anos. Até hoje, a morte de Maureen é um assunto pessoal para mim. Eu me adaptei sozinho a ela. Achei que dividi-la, ou procurar conforto, dificultaria seguir em frente. Agora, acredito que o consolo pode ser encontrado tanto dentro de nós quanto nos outros. Você vai encontrar sua própria maneira de fazer as pazes com sua perda, tenho certeza.

Com amor,
Papai

Até aquele momento na vida, eu não tinha desenvolvido maneiras de lidar com as dificuldades da vida. Não havia precisado, porque nada dera realmente errado. Quando eu deparava com um desafio, minha abordagem era me esforçar mais. Notas? Eu mergulhava nos livros. Trabalho? Fazia networking dobrado. Relacionamentos? Lutava contra a tendência de querer ficar sozinha e procurava me expor mais. Eu era uma pessoa determinada, obstinada, o que sempre funcionava.

Ter um filho, no entanto, não tinha nada a ver com esforço. Meu corpo simplesmente se recusava a realizar nosso sonho, não importava quão importante fosse. Era tão difícil lidar com o estresse que comecei a notar um tremor constante mesmo nos dias quentes, de modo que meus dentes às vezes chegavam a bater. Quando li sobre um estudo científico que documentava que a luta contra a infertilidade produzia o mesmo nível de ansiedade e depressão que o diagnóstico de câncer, não fiquei muito surpresa.[7]

A carta de meu pai teve um efeito em mim. "Você vai encontrar sua própria maneira de fazer as pazes com sua perda."

Só posso descrever o que aconteceu a seguir sob uma visão retrospectiva. Agora entendo que eu estava dando um passo intencional para a escuridão, confiando que encontraria alguma luz que me ajudaria a enxergar. De certa maneira, em vez de fugir da dor, escolhi encará-la diretamente, em um retiro silencioso.

Talvez a decisão não tenha sido tão fortuita. Depois da faculdade, morei no Japão e trabalhei como professora de inglês em um lugar não muito distante dos famosos templos de Kyoto. Nos fins de semana, às vezes passeava por lá e me maravilhava com os jardins de pedras meticulosamente cuidados, nos quais o cascalho formava ondulações que lembravam a superfície da água. Minha colega de quarto americana estava estudando a filosofia zen e me perguntou algumas vezes se eu gostaria de meditar com ela. Mas, aos 22 anos, havia uma centena de coisas que eu preferia fazer a passar horas olhando para a parede em branco.

Quando um conhecido mencionou que tinha acabado de voltar de um retiro de meditação no interior de Massachusetts, algo estalou dentro de mim. Eu me decidi na mesma hora. Iria para lá.

Levei menos de um dia para perceber que não tem muito silêncio em um retiro silencioso. Embora eu e meus companheiros de meditação tivéssemos feito um voto de silêncio, dentro da minha cabeça a falação era constante, em uma cacofonia ensurdecedora de vozes aleatórias e sem sentido.

Será que meu namorado da escola virou instrutor de esqui, como pretendia? Nossa, minha mãe costumava fazer sanduíches de pão verde no Dia de São

Patrício. De onde ela tirou essa ideia? Onde será que fica a pousada mais próxima? Será que consigo chegar lá sem carro se eu me cansar daqui?

No segundo dia, me inscrevi em uma conversa de cinco minutos com uma professora.

— Como está sendo? — ela perguntou quando me sentei na cadeira em frente à sua, em uma salinha perto do salão de meditação principal.

Mais do que um pouco constrangida, expliquei o que se passava na minha mente descontrolada e dispersa. Ela sorriu.

— É absolutamente normal — disse. — E é um importante primeiro passo, notar as histórias que ficam girando na nossa mente, nos afastando do momento presente. — Ela fez uma pausa. — Mas atenção plena não é apenas uma questão de notar intencionalmente seus pensamentos e sentimentos indo e vindo.

— O que mais envolve?

— Envolve notar isso sem julgamento.

Sem julgamento. Absorvi aquilo. Era possível deixar que os pensamentos e as emoções simplesmente viessem, sem se perder neles, sem me recriminar?

O olhar constante da professora me desarmou.

— Tente — ela disse, já se levantando, de modo que eu soubesse que a conversa tinha acabado.

Voltei ao meu lugar no salão e ajeitei o xale sobre os ombros. Os pensamentos começaram a vir, mais sombrios daquela vez. A história da perda do bebê começou a se desenrolar... A técnica evitando olhar nos meus olhos. O procedimento desumanizador para "tirar tudo", como eles mesmos diziam. Depois, meu corpo, ludibriado pelo que restava de hormônios da gravidez, sendo assolado por ondas de náusea e enjoo matinal, ainda que não contivesse mais nada. Cada momento parecia ter sido gravado e passava de novo, em alta resolução e com som *surround*.

Sobre a almofada de meditação, eu me senti pega por uma correnteza forte e perigosa. *Note* este *momento, sem julgar,* eu disse a mim mesma, tentando não ser muito dura e me segurando nas laterais da almofada, como se estivesse em uma canoa rumando para uma queda-d'água.

Tentei de novo, ao ver os pensamentos surgirem como galhos se projetando, pedras traiçoeiras rolando, redemoinhos girando. *Isso é culpa*, eu disse para mim mesma, rotulando os sentimentos enquanto era puxada pela corrente. *Isso é tristeza*. De vez em quando, eu me via em uma piscina de água parada e aproveitava para respirar.

Nas horas e nos dias que se seguiram, quanto mais eu fazia isso, mais sentia que às vezes era capaz de ver a paisagem, como um pássaro veria, sobrevoando do alto. Não havia como negar a realidade de que Dave e eu tínhamos perdido um bebê que queríamos desesperadamente. Mas uma nova visão que às vezes entrava em foco era igualmente verdadeira, certo tipo de perspectiva ampla o bastante para incluir tanto a dor quanto a possibilidade de ser bondosa com meu eu ferido.

Ao fim do retiro, uma mulher chamada Janet me ofereceu uma carona de Massachusetts a Nova York. Eu estava louca para falar com outra pessoa sobre nossa experiência. Estava chovendo forte, e o chão do estacionamento tinha se transformado em areia movediça. Arrastamos nossas malas pelas poças, mas deparamos com um pneu furado.

— Desculpa — ela disse.

Eu estava louca para voltar para casa e para Dave, mas ainda curtia o barato do fim do retiro.

— Imagina — eu disse, sincera, enquanto esperava que alguém da oficina chegasse.

Ficamos sentadas dentro do carro, trocando histórias sobre dores nos joelhos e no pescoço. Janet me perguntou o que tinha me levado até ali, e me peguei contando a ela sobre o aborto.

— Você já tinha escolhido um nome? — ela perguntou.

Dave e eu não tínhamos contado o nome a ninguém.

— Arden — eu disse, quase num sussurro.

— Que lindo! — ela falou.

— Obrigada. Escolhemos porque nos casamos na Arden House, perto de Nova York. Também tem uma floresta com esse nome em uma peça de Shakespeare. Assim que li, gostei.

Uma hora depois estávamos saindo, dirigindo devagar por causa do pneu reparado. Janet ligou o pisca-alerta. Outros carros e caminhões passavam correndo por nós. Enquanto dirigia, ela me contou sobre sua vida.

— Meu marido e eu nos divorciamos depois de trinta e cinco anos juntos — Janet disse, enquanto aumentava a velocidade do limpador de para-brisa. — Ali estava eu, aos sessenta anos, tendo que me sustentar pela primeira vez. Fazia décadas que não trabalhava. — Ela balançou a cabeça. — Aceitei o único trabalho que a agência de empregos local tinha disponível, limpando banheiros numa casa de repouso.

— E como foi? — perguntei, aliviada que Janet não estivesse a fim de papo furado.

— Fazia um tempo que eu me interessava por budismo, e tinha lido um monte de coisa do Thích Nhất Hạnh — ela falou, referindo-se ao famoso monge vietnamita. — Ele disse: *Lavar a louça é como banhar Buda bebê. O profano é o sagrado.* Eu me apeguei a isso. Eu, uma mulher que antes contratava outra pessoa para limpar o próprio banheiro! Mas eu esfregava aqueles banheiros com toda a atenção. — Ela riu. — Um depois do outro, dia após dia. A prática budista é assim. Aprendemos a fazer o que está na nossa frente, deixando o drama de lado. — Ela voltou a rir, depois acrescentou: — O que não significa, claro, que não me candidatei a outros empregos que apareceram.

Ficamos em silêncio por um tempo, eu de olho na extensão da estrada molhada à nossa frente. Uma hora, ela se virou para me olhar.

— *Sem lama, sem lótus,* Janet disse, citando Thích Nhất Hạnh outra vez. — Da sujeira da vida, emerge a beleza.

Quando cheguei em casa, descobri que estava grávida. Passara o retiro inteiro grávida, sem saber.

Nosso filho Evan chegou ao mundo gritando e chutando, um ano depois que Arden teria nascido. Dois anos depois do parto, eu e Dave perdemos outro bebê, outra menina, para quem tínhamos escolhido o nome de Adele, por causa da minha avó. De novo, a dor veio, mas daquela vez a experiência foi diferente. Pela primeira vez, eu me permiti ver que o acontecimento não era um obstáculo na minha vida: *era* minha vida em si. Não era de modo algum o que eu queria, mas precisava lidar, processar aquilo.

Aprender a meditar me lembrou das férias de verão na praia, quando eu era pequena. Meu pai nunca ficava mais relaxado, mais disponível, do que na praia. Eu me lembro dele me ensinando a mergulhar, enquanto as ondas vinham, fazendo parecer que meu corpo era ainda menor do que era.

— Não importa quão grandes sejam as ondas — ele me disse —, sempre há um local de tranquilidade abaixo delas, perto do fundo.

Meu pai estava certo. Em contato com o fundo do mar, eu sentia o leve puxar da corrente nos cabelos compridos, ouvia o crepitar sobrenatural ao meu redor e sabia que estava segura.

Evan (à direita) e Drew

arden e adele

Quase cinco anos depois de termos perdido Arden, dei à luz outro menino, Drew, que veio com certo perigo, devido ao cordão umbilical que apertava seu pescoço, mas era saudável e estava determinado a sobreviver.

Arden, Evan, Adele, Drew — os fios entrelaçados da minha família nuclear. Penso nas meninas às vezes, enquanto vejo os meninos jogando futebol no apartamento, o que é proibido, ou encontro a panela que um deles usou para fazer macarrão, largada suja na pia da cozinha.

Muitos anos depois de perdermos Arden e Adele, publiquei no Facebook:

Vou tentar algo aqui. Hoje, 15 de outubro, é o dia designado para lembrar a perda gestacional e a morte de crianças, o que inclui, embora não se limite a, casos de aborto espontâneo, natimortos, síndrome de morte súbita do lactente e falecimento de recém-nascidos. Para mostrar quantos de nós estamos juntos nessa, quem se sentir à vontade pode deixar um comentário aqui.

No primeiro comentário, escrevi os nomes de Arden e de Adele. Eu nunca as tinha mencionado pelo nome publicamente.

As respostas me surpreenderam. Quase cem pessoas se apresentaram, entre mulheres e homens, e escreveram sobre suas perdas. Eu considerava todos os amigos, mas sabia de menos da metade dos casos. Fiquei grata pela vulnerabilidade e pela honestidade daquela comunidade. Talvez estivéssemos todos cansados do silêncio. Talvez quiséssemos que nossos entes queridos finalmente fossem vistos. Talvez as redes sociais fornecessem distanciamento o bastante para que nos sentíssemos seguros. O que quer que fosse, achei lindo e corajoso e soube que, quando se tratava de luto, o silêncio não era mais uma opção para mim.

CONSOLEE

Em uma manhã clara pouco antes do início do outono, eu estava levando Evan no carrinho para a creche, em Lower Manhattan. Preferia fazer uma caminhada de meia hora a pegar o metrô lotado. Estava atrasada para o trabalho, em uma organização que defendia os direitos das mulheres cujo escritório ficava em Wall Street. Quando ia atravessar na faixa de pedestres com o carrinho, diante do icônico Woolworth Building, ouvi um estrondo. Era como se um caminhão enorme tivesse batido a toda velocidade contra uma daquelas chapas de metal pesadas usadas em construção, em uma ruazinha entrecortada de Manhattan. Levantei a cabeça na mesma hora, para olhar em volta.

A alguns quarteirões de distância, saía fumaça preta da torre norte do World Trade Center.

Deve haver uma linguagem universal do completo choque, porque eu e todas as pessoas em volta congelamos na mesma hora, olhando para o horror que se desdobrava com a mão cobrindo a boca aberta.

Um pensamento perturbador me ocorreu, enquanto a fumaça aumentava e detritos começavam a cair: as pessoas dentro do prédio podiam estar encarando a própria morte. Era uma constatação repugnante e surreal. De repente, eu me lembrei de que tinha um bebê de dezenove meses no carrinho e o virei para que Evan não pudesse ver o que estava acontecendo. Era tarde demais. Ele mal falava naquela época, mas franziu a testa, apontou o dedinho na direção do prédio engolfado em chamas e disse:

— Fogo! Fogo, mamãe! Fogo!

Ele repetiria aquela palavra e o gesto de novo e de novo nos meses que se seguiram, em uma reencenação que deixava meus nervos em frangalhos.

consolee

 Peguei o carrinho e corri contra a multidão que se formava, virando de vez em quando para dar uma olhada. Foi então que vi um avião comercial voando impossivelmente baixo, depois se chocando com a segunda torre.

Nos dias e nas semanas que se seguiram ao Onze de Setembro, Manhattan era um cenário apocalíptico. Com as pontes e os túneis restritos a veículos de emergência, a sensação era de que estávamos isolados do restante do mundo. Veículos blindados da Guarda Nacional atravessavam as ruas do Lower East Side a caminho do que tinha se tornado um enorme cemitério. Eu tentava manter as janelas fechadas, para impedir a fumaça acre de entrar, mas de alguma maneira o cheiro conseguia se esgueirar por entre as frestas.

 A internet não funcionava e os telefones só de vez em quando, o que nos deixava ainda mais isolados. Familiares e amigos começaram a colocar fotos de entes queridos desaparecidos nas grades dos parques. Dave passava horas todos os dias no Centro de Informações sobre Vítimas, em Greenwich Village, tentando conseguir notícias sobre o marido desaparecido de uma amiga de uma amiga. As listas quase nunca eram atualizadas, e Dave logo se deu conta de que aquele marido, pai de três crianças pequenas, provavelmente estava morto.

 Depois que voltei ao trabalho, houve várias falsas ameaças de bomba no nosso prédio, que levavam à evacuação de todos os andares. A recepcionista foi hospitalizada porque teve a asma agravada pela fumaça densa. Uma colega perdeu o cunhado, que tinha dois filhos e a idade de Dave. Ele fora trabalhar no 105º andar da torre aquele dia, na Cantor Fitzgerald, e nunca mais voltara.

 Ninguém conseguia trabalhar. Psicólogos especializados foram contratados. Nós nos sentamos em volta da mesa da sala de reunião, e nos encorajaram a compartilhar nossa experiência relacionada ao que tinha acontecido. E ao que ainda estava acontecendo. Com uma expressão triste, uma das pessoas contratadas disse:

— É muito importante encontrar uma maneira de processar o que aconteceu. Se sufocarem o trauma, ele certamente voltará, mesmo que daqui a anos, quando menos se esperar. Uma única morte pode reativar todas as outras perdas que já sofremos.

Engoli em seco e contei ao grupo algo que eu sabia e já havia sufocado: que um dos detritos que tinha visto cair da torre atingida não era um detrito. Era uma pessoa pulando.

Comecei a questionar o emprego que eu já tinha visto como meu emprego dos sonhos. Eu adorava as pessoas com quem trabalhava. Adorava a presidente da organização, que permitira que eu e as outras duas mães recentes na equipe puséssemos em funcionamento uma creche para os bebês de até um ano das funcionárias. Adorava minha sala ensolarada, com vista para o East River. Adorava trabalhar com direitos das mulheres. Mas, pouco adiante, milhares de pessoas haviam perdido a vida. Eu estava fazendo o bastante pelo mundo, escrevendo releases para a empresa, mantendo um site? Sentia-me em uma torre de marfim, desconectada dos problemas que as pessoas enfrentavam lá embaixo.

Intelectualmente, sabia que a vida era imprevisível, mas agora não havia como negar a realidade. Se a morte e o trauma podiam acontecer a qualquer momento, em tão larga escala, como eu deveria viver? E qual era minha responsabilidade com as pessoas que enfrentavam catástrofes no mundo todo?

Alguns meses depois, pedi demissão para começar a trabalhar com ativistas que viviam em lugares que o mundo costumava esquecer. Depois de mais alguns meses, recebi um convite para ser consultora de uma organização que dava um prêmio para defensores dos direitos humanos, que arriscavam a vida sob regimes brutais. Eles tinham sido presos, torturados, estuprados e sequestrados por enfrentar a injustiça. Um jovem estava escondido porque tinha gravado com o celular em segredo e depois exposto as brutalidades do Estado islâmico na Síria; uma estudante havia passado anos na solitária por ter liderado uma campanha pacífica pela democracia em Myanmar; um pastor coreano havia guiado pessoalmente dezenas de refugiados para fora da Coreia do Norte por um caminho

consolee

subterrâneo. Um ano depois de termos trabalhado juntas, uma jornalista da Rússia, de espírito indomável, seria assassinada no elevador de seu prédio.

A muitos passos de distância dos perigos que essas pessoas enfrentavam no dia a dia, fiz o meu melhor para ajudá-las a contar sua história para um público global e defender mudanças. Foi por meio delas que aprendi o que é coragem. Eu sabia que esse tipo de pessoa existia — Mahatma Gandhi, dr. Martin Luther King Jr., madre Teresa —, mas elas me pareciam figuras distantes, sobre-humanas. No fim das contas, havia mais delas do que eu pensava. E agora eu as conhecia pessoalmente.

Sentada do outro lado da mesa dos ativistas, convidando-os para comer com minha família, esperando juntos pelo trem atrasado na plataforma do metrô, comecei a notar algumas coisas neles. Eram realistas. Não diminuíam os abusos que haviam suportado, mas se recusavam a permitir que governassem sua vida. Tinham laços fortes com amigos e colegas, para quem podiam ligar a qualquer hora do dia ou da noite. Também pareciam compartilhar uma perspectiva que era ao mesmo tempo ampla e estreita. Afirmavam que o propósito de sua vida era servir a algo muito maior que eles mesmos, fosse um princípio, fosse uma crença. No entanto, muitos também eram especialmente capazes de apreciar as coisas mais simples. Bananas fritas no ponto certo, uma piada boba contada de maneira imperfeita por uma criança. "Ver o mundo em um grão de areia/ E o Paraíso em uma flor do campo", escreveu o poeta William Blake, que conheceu muitos ativistas pela mudança social em sua época. Sempre que eu deparava com aquelas palavras, pensava nos ativistas que vinha conhecendo.

Consolee Nishimwe foi uma dessas ativistas — sobrevivente do genocídio contra os tútsis, em Ruanda — que rapidamente se transformou em amiga, depois que a conheci em um evento para lembrar a atrocidade. Ela tinha catorze anos quando a brutalidade chegou à sua cidade. Seu pai foi o primeiro a ser cruelmente assassinado. Depois seus irmãos, de nove anos, sete anos e dezesseis meses, foram mortos e tiveram o corpo jogado em uma espécie de fossa séptica enquanto a multidão cantava: "Poder hutu! Poder hutu!". Seus nomes até hoje me parecem lindos e dignos de ser repetidos: Philbert, Pascal e Bon-Fils. Quatro dias depois, Consolee foi torturada e estuprada por um vizinho com uma espada — um homem que fora amigo da família. Mais tarde, ela ficou sabendo que havia contraído HIV.

Conhecer essa história era conhecer apenas uma pequena parte da vida de Consolee. Além de falar e escrever sobre os horrores do genocídio, ela também defendia as pessoas que viviam com o vírus. Fiquei impressionada com sua confiança tranquila e o prazer que encontrava no cotidiano. Esse prazer se expressava em seu sorriso enorme, que revelava a fresta entre seus dois dentes da frente — uma marca de beleza notável na cultura dela.

O bem-estar não tinha vindo do dia para a noite: levara anos. Por meia década Consolee havia chorado até dormir, dominada pela vergonha e pela perda. Aos poucos, com o apoio de outros sobreviventes e de profissionais que a ajudaram a atingir a estabilidade física e mental, Consolee passou a dizer a si mesma que, não importava o que tinha passado e o que ainda passaria, se estivesse viva, podia ter esperança. De acordo com ela, a chave para a cura e para encontrar o caminho não era se recolher na dor, mas rezar e meditar.

Uma manhã de setembro, catorze anos depois do Onze de Setembro, Consolee e eu estávamos no Central Park para tentar ver o novo papa, Francisco, em sua visita a Nova York. Nós e outras 8 mil pessoas havíamos sido sorteadas para acompanhar a carreata que passaria.

Eu tinha muita curiosidade em relação àquele homem que desafiava as convenções, insistindo em viver na casa de hóspedes relativamente modesta do Vaticano em vez de nos aposentos palacianos ocupados pelos papas anteriores. Um homem que optava por visitar presidiários e comer com os sem-teto em vez de agendar reuniões com políticos e a elite dos negócios.

Enquanto esperávamos, verifiquei o celular. Consolee, que estava a muitos quarteirões ao norte de mim, havia postado um vídeo de um arco-íris que

consolee

ela havia visto acima da multidão. Dava para ouvi-la dizendo, em seu sotaque melodioso:

— Um arco-íris, nossa! Que coisa mais linda.

Era um dia seco, com céu bem azul e algumas poucas nuvens.

O vídeo de Consolee viralizou, e muitas pessoas comentaram que o arco-íris parecia um milagre, algo auspicioso. Outras rebateram, dizendo que um arco-íris não é de modo algum um sinal ou um milagre, mas apenas um fenômeno científico, causado pela luz do sol e pelas condições atmosféricas. Mas, se o mundo nos manda o intolerável, na forma de genocídios ou ataques terroristas, que mal pode haver em buscar símbolos edificantes que nos recordem das possibilidades? Como dizia uma camiseta que vi uma vez, na vitrina de uma loja no East Village: *Há apenas duas maneiras de viver sua vida. Uma é achando que nada é um milagre. Outra é achando que tudo é.*

Graças à oportunidade de trabalhar lado a lado com defensores dos direitos humanos como Consolee, também estou aprendendo a parar e notar as coisas simples — ainda que os anos continuem marcados pelas lembranças do Onze de Setembro. Nessa data, sempre vou de bicicleta até o Corpo de Bombeiros perto do meu antigo escritório. Paro no altar improvisado que homenageia os catorze primeiros socorristas que correram na direção da tragédia enquanto eu mesma corria na direção oposta, segurando firme o carrinho de bebê.

Toda primavera paro lá de novo, maravilhada com a abundância de narcisos florescendo pela cidade. Depois dos ataques, uma fornecedora holandesa, condoída pela cidade, mandou de presente um milhão de bulbos de narciso, que chegaram de navio ao porto de Nova York, em um dos primeiros barcos a entrar depois da reabertura. Com outros milhões de narcisos tendo sido plantados desde então, declives, pátios de escola e canteiros humildes foram transformados em cobertores amarelos — a cor da lembrança —, em uma reafirmação da vida.

Morte: a essência da vida 🐜 Barbara Becker

Consolee em Nova York
(Fotografia de Christian Kayiteshonga)

Quando nossa cidade, quase duas décadas depois, entrou em *lockdown* durante a pandemia da covid-19, os narcisos me fizeram companhia mais uma vez, durante as caminhadas pelas ruas desertas. É como um renascimento anual, quando, como eles, meu coração se abre um pouco mais à possibilidade de que a esperança crie raízes mesmo entre as cinzas de uma perda incomensurável.

Pode chamar como quiser, até de milagre.

MAC

As ilhas do Caribe fervilham de histórias de piratas, uma vez que, no passado, navios mercantes navegaram suas águas carregando melaço e rum. Por isso, talvez eu não devesse ter me surpreendido quando um pirata com mais de um metro e oitenta de altura, pele corada e cabelo balançando ao vento, veio caminhando pela praia na minha direção.

Eu estava atenta, procurando no horizonte os asnos selvagens que às vezes se aproximavam pelas trilhas estreitas na vegetação e assaltavam as cestas de piquenique dos turistas, por isso o notei muito antes que chegasse. Cutuquei os dedos cobertos de areia de Dave com os meus, e ele levantou os olhos da pilha de revistas especializadas, que jurara que jogaria fora ao fim do dia. Acenei com a cabeça na direção do pirata.

O pirata não chegava a ser um Barba Negra assustador. Usava calção azul-turquesa e parecia estar de férias, como nós.

Ele parou diante de nosso acampamento com toalhas coloridas, brinquedos de praia e protetores solares e sorriu. Os meninos, agora protegidos na sombra, ergueram os olhos de seu castelo na areia, que tinha até fosso.

— Bom dia, meus jovens — ele declarou com as mãos na cintura, sorrindo para as crianças. — Estão interessados em um tesouro de verdade? — ele perguntou, com a entonação pesada de um pirata, que lembrava vagamente o sotaque de Boston. — Encontrei um X marcando um local para lá, e achei que vocês podiam tentar.

Ele olhou para Dave e para mim e piscou.

Como se o convite fosse um sinal de que preces são ouvidas, nosso bucaneiro de seis anos e seu marujo de três se levantaram de um salto e correram com suas pás azul e verde nas mãos, na direção apontada. Dave e eu nos levantamos para cumprimentar o pirata.

— Sou Mac. — Ele claramente tinha dificuldade em deixar a fala de pirata de lado. — Sou de Glosta, Massachusetts. Aqueles cinco ali são meus imediatos.

Ele indicou uma área com cinco crianças e jovens, que iam dos 11 aos 23 anos, reunidos sobre toalhas, alguns tomando sol, outros cochilando, alguns sentados jogando baralho. O menino mais novo olhou para nós e acenou.

Meu marido apertou a mão de Mac.

— Sou Dave, e esta é Barbara.

Apertei a mão de Mac e acrescentei:

— Os meninos são Evan e Drew. Somos de Nova York.

Nenhum de nós seria capaz de dizer o que exatamente os meninos encontraram na areia aquele dia. Talvez alguns trocados que Mac tinha no bolso, ou pulseirinhas trançadas, ou um par de dados doado pelos filhos dele. Não importa: o tesouro que encontraram (ou que os encontrou) naquela manhã de sol na ilha foi o próprio Mac.

Ao longo de cinco anos o capitão Mac, como todos passamos a chamá-lo, ocupou um lugar em nosso coração. Nossas famílias estavam passando as férias de inverno no mesmo local, um camping próximo à mata fechada, com iguanas nos olhando de seu lugar nas árvores. A falta de água quente e os insetos marrons gigantescos que saíam das frestas entre as tábuas de madeira da plataforma e entravam na nossa cabana à noite eram menos encantadores.

Sempre comíamos na área de refeições compartilhada, com vista para a baía e para as ilhas mais além. No dia em que conhecemos Mac, ele veio até nossa mesa durante o jantar com uma tigela cheia de manteiguinhas e alguns garfos.

— E aí, marujos? Parece que não estão gostando dessas batatas assadas. — Os meninos deram risada. — Argh! Batata assada! E se fizermos purê?

Ele puxou uma cadeira, entregou um garfo a cada um dos meninos e mostrou como fazer.

Na noite seguinte, passaram *Piratas do Caribe* numa tela amarrada nas vigas do pavilhão. Os meninos pegaram no sono em nossos braços, mas Evan acordou quando os piratas se transformavam em esqueleto, ao luar. Ele levou dez segundos para passar de horrorizado a berrando.

— Calma aí, marujo! — Mac disse, estendendo a mão por cima da cadeira de plástico de Dave para acariciar o braço de Evan. — Isso não passa de um truque da imaginação! Sei bem disso, sendo um pirata e tudo.

Os filhos de Mac eram animados e divertidos. Permaneciam juntos e apareciam nas atividades do campo sempre em grupo. Na véspera de Ano-Novo, as meninas usaram vestidos de verão com brilho, e os meninos mais velhos estavam muito bonitos. Todos enchiam o menino mais novo de atenções, e se alternavam para dançar com ele ao som de "La Bamba" e "Oye Como Va".

— O que te fez decidir vir para cá, capitão Mac? — Dave perguntou quando o calipso "Day-O" começou a tocar.

Foi a primeira vez que Mac não fez o sotaque de pirata. Ele olhou para Dave com uma sobrancelha ligeiramente erguida e disse:

— Bem, faz dois meses que minha esposa, Annie, morreu de câncer de mama. Ela adorava velejar por essas águas quando era jovem. Achei que vir para cá era exatamente do que eu e as crianças precisávamos.

Murchei, como as velas de um barco em um dia sem vento.

— Ah, Mac, meus sentimentos — consegui dizer.

— No fim, tudo o que importa é a família e o amor. O rio do amor... Annie sempre dizia que tínhamos que beber dele — Mac falou, olhando para a copa das árvores. — Ela teria adorado os novos marujos. Eles fizeram a gente muito feliz esses dias.

Eu não conseguia tirar Mac da cabeça. Fiz uma lista mental para encarar a perda, de coisas que tinha aprendido com ele. Mantenha as pessoas que ama sempre por perto. Viaje, de preferência para a natureza. Seja generoso com seu tempo e sua imaginação. Eu queria respostas para os vivos, para aqueles de nós que ficavam.

Na última manhã da viagem, levamos as malas para o pavilhão, de onde pegaríamos o transporte, uma picape decrépita que tinha sido adaptada, com bancos na caçamba. Fomos até a mesa de Mac e demos um abraço nele e nas crianças. Drew ofereceu ao filho mais novo de Mac um dinossauro de plástico verde, que tirou de sua mochila do Bob, o Construtor. Mac se abaixou e bagunçou o cabelo do menino.

— Cuide bem dos seus pais — ele disse. — Não tenho papel e caneta, mas, se um dia forem a Gloucester, passem na Câmara do Comércio. O pessoal lá sabe onde me encontrar.

Três dias depois que chegamos em casa, eu me sentei à escrivaninha e fiquei olhando para as construções de tijolinhos vermelhos do bairro, sob o céu cinza. Estava com duas blusas de frio e um gorro, porque o aquecedor se recusava a funcionar. Peguei o telefone e liguei para a Câmara do Comércio de Gloucester.

— Espero que possa me ajudar — eu disse à pessoa que atendeu. — Estou atrás do endereço de um cara chamado Mac.

— Ah, sim! — a pessoa disse, animada, sem que eu falasse qualquer sobrenome. — Aguarde um minuto, já passo.

Peguei uma caneta e anotei o endereço direto no envelope que continha um postal com uma imagem aérea de Nova York. Depois de desligar, escrevi dentro: "Das margens do rio em Manhattan para a costa de Massachusetts. Seus marujos e os pais deles sentem a falta de vocês". Agradeci a ele por ter nos agraciado com sua presença e escrevi que eu e Dave tínhamos ficado tocados com sua bondade e sua resiliência. Coloquei o postal na caixa de correio do outro lado da rua, triste porque havia um breve capítulo de nossa vida tivesse chegado ao fim tão depressa.

Um mês se passou em meio a escola, jantares, esportes e atividades. Eu estava de volta à minha escrivaninha em casa quando a campainha tocou. Abri e deparei com Patrick, o entregador da UPS, que tinha uma caixa grande no carrinho.

mac

— É para os meninos — ele disse.

Notei que vinha de Gloucester.

Naquela noite, os meninos se sentaram no chão da sala e abriram o pacote com as próprias mãozinhas. Um bilhete em cima dizia: "Ahoy, marujos! Não queria que pensassem que me esqueci de vocês! Comportem-se! Capitão Mac".

Dentro, havia dois pacotes embrulhados separadamente, cada um com tatuagens de pirata, tapa-olho, um anel com crânio e um livro ilustrado sobre um pirata malvado cujo coração amolece depois que uma pessoa pobre encontra seu olho de vidro. Também havia uma bandeira pirata, um saco com imitações em plástico de dólares espanhóis e um álbum com músicas sobre naufrágios, caçadores de baleias e piratas, com acompanhamento de flauta e rabeca.

No fundo da caixa, havia um presente com o meu nome e o de Dave. O cartão trazia uma citação do poeta Hafiz: "Ainda há muitos presentes por abrir do seu aniversário; há muitos presentes feitos à mão e enviados por Deus".

— Você abre, eu disse a Dave, com os olhos ardendo.

Ele sorriu e tirou o presente do papel de seda. Era um porta-retratos de cerâmica em baixo-relevo, com um pirata e um baú do tesouro. Trazia uma foto de Mac com os filhos e uma mulher que só podia ser Annie, usando na cabeça o lenço revelador de quem está fazendo quimioterapia. Uma mão fina segurava firme a de Mac, enquanto com a outra ela abraçava uma das filhas.

"Ponha uma foto de vocês quatro e deixe a nossa atrás", Mac havia escrito no cartão. Dave passou a moldura para os meninos, que avaliaram todos os rostos. Eles se levantaram e colocaram o porta-retratos no peitoril da janela, ao lado das várias outras fotos de família que tínhamos.

Por quatro anos, trocamos cartões nas festas de fim de ano. Quando Evan estava com dez e Drew com sete, fizemos uma viagem para o Maine. Peguei o guia da Nova Inglaterra para ver quanto sairíamos de nossa rota caso passássemos na volta em Gloucester para ver Mac.

— "É o porto marítimo mais antigo dos Estados Unidos" — eu li em voz alta. — "Durante a Guerra Anglo-Americana, os navios de pesca corriam o risco de ser atacados por piratas e navios de guerra inimigos. Canhões foram posicionados nas colinas para protegê-los."

— Piratas de verdade! — Drew disse, do banco de trás. — Eu sabia que era verdade!

— Não sei, Dave — eu disse. — Talvez ele tenha seguido em frente. Talvez a gente devesse deixar essa lembrança feliz em paz.

— Está brincando? — Dave respondeu. — Se você não ligar, eu ligo.

Liguei do meu celular.

— Vocês estão a meia hora daqui — Mac disse, animado. — Venham, venham!

Trinta minutos depois, entramos com o veículo lotado de parafernália de acampamento e roupas sujas no caminho de cascalho da garagem de Mac. A casa tinha um gramado extenso, que dava para uma pedra e a baía além. Ele saiu com os braços abertos para nos receber.

— Olha só vocês! — Mac disse. — Finalmente vieram.

Ele nos convidou para sentar no pátio e ofereceu limonada. Os meninos atravessaram o gramado correndo até a rede, com o cachorro de Mac em seu encalço.

— Cuidado — eu falei, lembrando que, quando pequenas, eu e minha amiga Marisa tínhamos balançado meu irmão na rede alto demais no quintal da família dela e ele havia caído e quebrado a clavícula.

Três filhos de Mac se juntaram a nós. A filha que estudava em Roma e trabalhava para a Organização das Nações Unidas para a Alimentação e a Agricultura estava em casa. O segundo filho mais velho estava envolvido em um projeto de agricultura sustentável em Gloucester. O menino mais novo, muito bonito, estava no ensino médio e era simpático como o pai. A conversa acabou rumando para Annie.

— Ela era incrivelmente aventureira — Mac disse. — Morou em Florença

mac

no ano daquela enchente catastrófica. Velejou pelo Atlântico com o pai, atravessou o país pegando carona, e foi até o México assim também, quando estava na faculdade. Trabalhou como garçonete do Durgin-Park, mas foi demitida no primeiro dia, porque disseram que era "fofa demais" para um lendário restaurante de Boston. Foi professora assistente na Carolina do Sul rural, que ainda não estava totalmente integrada. E, por um dia, foi motorista de táxi em Boston.

Dave ficou especialmente intrigado com o último dado, porque tinha uma licença para dirigir uma bicicleta-táxi, o que ele fazia aos fins de semana e à noite só para se divertir, mantendo o emprego durante o dia.

— O nosso tipo de mulher — comentei, enquanto os filhos de Mac se juntavam aos nossos para ir explorar uma cabana que ficava à beira da água.

— Mais de mil pessoas vieram ao velório dela, aqui no gramado, no mesmo dia de chuva em que o Red Sox foi campeão pela primeira vez em oitenta e seis anos — Mac disse. — Foi graças àquela vitória que nosso pequeno conseguiu se segurar. — Ele fez um gesto, abarcando a casa. — Annie morreu no mesmo quarto em que o teve. Foram onze anos até o dia e a hora em que a mãe dele morreu no mesmo lugar.

— Como você conseguiu superar, Mac? — perguntei, porque precisava saber.

— Sabe aquela música, "Don't Worry, Be Happy"? — ele perguntou. — A expressão vem de Meher Baba, um guru espiritual indiano que Annie e eu seguíamos. "A morte não é o fim", ele dizia. "É apenas o fim deste corpo."

Quando o sol começou a mergulhar atrás das árvores a oeste, Dave e eu nos levantamos para ir embora. Mac chamou os meninos, que vieram correndo pelo gramado.

— Falei com as crianças, e estávamos pensando se vocês não querem ficar com a coleção de Lego deles.

Os meninos ficaram pulando no lugar, enquanto Mac e seus filhos carregavam quatro baldes de plástico enormes e cheios de peças de Lego até o carro, que já estava lotado. Prevendo o problema, Drew se ofereceu para sentar em cima de um balde em vez de no assento para crianças.

— Vai dar certo — Dave disse, abrindo um balde e despejando as peças no chão do banco de trás. Dentro do carro, os meninos se viraram e ficaram dando tchau para Mac até que o perdêssemos de vista.

À noite, no nosso quarto de hotel nas proximidades de Boston, procurei por Meher Baba na internet.

— Ouve só, Dave — sussurrei, para que os meninos, que estavam na cama de casal ao lado da nossa, não acordassem. — "Se a morte tem algum lugar, é ensinar a cada indivíduo a verdadeira arte da vida. Um verdadeiro aspirante não procura nem teme a morte. Quando a morte chega, ele a transforma no ponto de partida para uma vida mais elevada."[8]

— Isso explica o que ele quis dizer com "a morte não é o fim" — Dave sussurrou, com sono.

Continuei lendo. O irmão de Meher Baba, Jamshed, havia morrido jovem. Sobre isso, ele dizia: "Às vezes viajamos de trem, e outros passageiros desembarcam em estações diferentes, sem nenhuma preocupação, de acordo com a passagem. Do mesmo modo, Jamshed estava em uma viagem e, quando chegou a seu destino, o destino que constava na passagem, desceu do trem, deixou seu corpo. Sua estação estava próxima. Mas, de acordo com você, ele morreu jovem. O trem continua andando, dia e noite, e inúmeros passageiros viajam nele, descendo em diferentes estações, de acordo com sua passagem. Por quantos você vai chorar?".[9]

Era reconfortante, mas estranho, pensar que a quantidade de tempo que temos na Terra foi predeterminada, de alguma forma. Acabava com as conjecturas quanto a quando ia acabar, porque já estava escrito, por assim dizer. Estava feito. Se era o caso, a única coisa que restava a fazer era aproveitar ao máximo o tempo que se tinha. Fazer o seu melhor. Não se preocupar e ser feliz, como dizia a música.

mac

Na manhã seguinte, acordamos cedo e deixamos Dave na estação sul de Boston, para que ele pudesse pegar o trem de volta a Nova York. Os baldes de Lego foram para o banco vago na frente, para que os meninos tivessem mais espaço atrás. Sem a pressão da necessidade de Dave de voltar ao trabalho, eu poderia parar em um lugar que sempre quisera visitar: o lago Walden.

Quando eu era pequena, o que guiava a vida da minha mãe era a Bíblia. A vida de meu pai era guiada por inúmeros outros guias, incluindo Walden, de Henry David Thoreau. Em 1845, Thoreau passou dois anos, dois meses e dois dias em uma cabana de um único cômodo que construíra com as próprias mãos à margem do lago. Como muitos de seus leitores, meu pai o admirava por sua resistência à escravidão, seu desdém pelo materialismo, seu profundo amor pela natureza e suas observações perspicazes sobre o mundo à sua volta. Eu também admirava essas qualidades, mas havia algo mais em Thoreau que me atraía. Ele parecia um espírito afim quando se tratava do caráter inseparável da morte e da vida.

Na minha leitura, o experimento de Thoreau com uma vida simples tinha mais a ver com um desejo profundo de viver plenamente diante da mortalidade. Três anos antes da mudança para o lago Walden, seu irmão, John, a quem Thoreau venerava, havia se cortado enquanto se barbeava e acabara morrendo de tétano nos braços dele. "Fui para a floresta porque eu queria viver deliberadamente, encarar apenas os fatos essenciais da vida e ver se eu não poderia aprender o que tinha a me ensinar, para não descobrir, na hora da morte, que não tinha vivido", Thoreau escreveu, e esse trecho se tornou a declaração essencial de seu livro.

— Fica só a meia hora — eu disse aos meninos, entrando atrás do volante.

— Ah, mãe — Drew resmungou. — Temos mesmo que ir?

— Na volta vamos comer picles e tomar *milk-shake* — subornei os dois, lembrando o que Mac havia me dito sobre a Rein's, uma delicatéssen judaica em que sua família parava nas viagens entre Gloucester e Nova York. Fique de olho numa placa que diz "Onde Harry e Sally deveriam ter vindo comer", ele avisara.

Depois de um curto trajeto, saí da estrada e segui as placas para o centro de visitantes do lago. Caminhamos do estacionamento até a praia, onde nadadores de longa distância com trajes especiais mergulhavam na água para treinar para o próximo triatlo. A névoa criada pelo ar fresco formava uma espécie de nuvem etérea, que pairava sobre a superfície do lago. Dava para ver por que Thoreau havia chamado o lago Walden de "céu inferior".

Pegamos uma trilha que margeava o lago e levava ao lugar onde a cabana de Thoreau havia estado.

— Procurem uma pedrinha para deixar lá — eu disse aos meninos, escolhendo uma no caminho. Desde 1872, dez anos depois da morte de Thoreau, visitantes vinham deixando pedras no ponto que marcava a localização da cabana.

Drew encheu de pedras os bolsos do short, mas Evan só resmungava e arrastava os pés. O caminho estava cheio de pinheiros e de árvores decíduas, e parecia que as folhas verdes estavam entrando sutilmente na fase de declínio que levava à queda.

— Não estou me sentindo bem — Evan disse, vindo para o meu lado.

— Só mais um pouquinho, querido — insisti.

— Mãe — Evan disse, então vomitou no meio do caminho. Ele pareceu assustado e começou a chorar.

— Que nojo, Evan — Drew disse.

Levei Evan para se sentar numa pedra, peguei alguns guardanapos da pochete e limpei o rosto dele. Depois, joguei uma pilha de folhas por cima do vômito. Percebendo que eu não iria mais além, deixei minha pedra sobre o pequeno volume que havia feito.

— Desculpa — Evan disse, enquanto voltávamos para o carro de mãos dadas. Parei para dar um abraço nele.

— Tudo bem, Evan, a gente não queria ir naquele lugar mesmo — Drew disse.

De volta à estrada, resignada com minha peregrinação frustrada, voltei a pensar no que o experimento de Thoreau na floresta havia lhe ensinado sobre viver diante da morte. Eu sabia que ele tinha morrido aos quarenta e quatro anos, de uma tuberculose agravada por uma saída numa noite fria e úmida para contar os anéis de crescimento de tocos de árvores.[10] Eu o visualizei se abaixando para distinguir o cerne do alburno, passando o dedo por cada anel com uma determinação silenciosa.

Quando o corpo de Thoreau começou a fraquejar, seus amigos ficaram assustados com sua aparência decaída, mas impressionados com a tranquilidade com que ele aceitava a morte. "Nunca vi um homem morrer com tanto prazer e paz",[11] comentou, depois de visitá-lo, o carcereiro da prisão em que Thoreau ficara depois de se recusar a pagar uma taxa compulsória como protesto contra a Guerra Mexicano-Americana. Quando o homem perguntara se Thoreau conseguia sentir o além do ponto em que se encontrava, o escritor respondera: "Um mundo por vez".[12]

Mac, Annie e seus filhos, em Gloucester, Massachusetts
(Fotografia de Freddy Purdy)

Olhei para os meninos pelo retrovisor. Dormiam profundamente, com a cabeça inclinada um para o outro. Em um momento como aquele eu também adorava a vida, em sua expressão mais simples, com suas inconveniências cotidianas.

Dave e eu continuamos em contato com Mac. Ele vendeu a casa onde o filho mais novo havia nascido e onde tanto Annie quanto a mãe dela haviam morrido, e acabou se se apaixonando pela arquiteta que projetou a casa nova e menor que queria ter. Da última vez que Dave e eu o visitamos em Gloucester, Mac e a namorada fizeram um jantar muito generoso e insistiram que dormíssemos lá. Ficamos sentados à luz de velas, recordando o camping idílico no Caribe onde tínhamos nos conhecido e que depois foi vendido e transformado em propriedade privada. Agora, só temos acesso ao local através de nossas lembranças. Enquanto tomávamos vinho, Dave foi até o carro pegar os baldes de Lego, com que nossos meninos havia muito não tinham mais idade para brincar e que agora poderiam ser aproveitados pelo primeiro neto de Mac.

CHRIS

Em uma manhã quente de sábado, quando Evan tinha cerca de onze anos, levei-o com seu amigo Jack a uma feira de ciências no Queens. Os dois aprenderam a ligar luzinhas de LED a uma bateria e a fazer uma substância melequenta que, na verdade, era um fluido não newtoniano com amido de milho e água. Depois, fomos tomar sorvete de casquinha e eles me contaram sobre os professores de quem gostavam menos e mais e ficaram tentando adivinhar quem era o amor secreto um do outro. Até que os dois saíram correndo e rindo na direção de uma fonte no parque ao lado, depois voltaram correndo também.

Pegamos o metrô de volta para casa um pouco cansados e melados de sorvete. Três homens com violão e sombreiro entraram no nosso vagão e começaram a cantar músicas mexicanas para conseguir alguns trocados. Eu acompanhava batendo o pé no chão e a mão contra o apoio de metal quando Evan me cutucou e disse:

— Mãe, seu celular está tocando na bolsa.

Vi o nome de Dave no identificador de chamadas e atendi. Olhei para a porta e através do vidro vi o estádio de beisebol de cima.

Eu mal conseguia ouvir meu marido, por causa dos mariachis.

— Estou indo para o hospital — ele falou com a voz tensa. — ... teve um ataque cardíaco, e parece que não vai sobreviver.

— *Quem* teve um ataque cardíaco? — gritei por cima da música. — Não estou conseguindo ouvir.

Várias pessoas viraram para me olhar.

— Chris.

— Chris? A Chris do Gary? — perguntei, sem conseguir acreditar. Gary e Chris eram os amigos que tínhamos encontrado em Aspen, quando eu estava grávida de Arden. Sempre animados, os dois haviam acabado de voltar de uma viagem para a Grã-Bretanha com a mãe dela, Cathy.

O que Dave estava falando não fazia sentido. Chris tinha apenas 54 anos.

— É — Dave confirmou. — A Chris.

Consegui ouvi-lo fechando a porta de casa, com pressa.

— Meu Deus — eu disse.

Evan e Jack me olhavam, parecendo preocupados. Tentei fazer uma cara melhor.

— Vou deixar os meninos antes, mas chego no hospital em meia hora — falei ao telefone, olhando para o relógio.

Quando a porta do elevador se abriu na cardiologia do Beth Israel Hospital, de Manhattan, Dave estava me esperando. Ele me abraçou forte.

— Há duas horas, ela estava na academia — ele disse, com a voz falhando. — Ela ia encontrar o Gary para comerem juntos em seguida, mas ligou do táxi dizendo que não estava se sentindo muito bem. E foi isso. Desmaiou no táxi, foi o motorista que ligou pra emergência. Ela acabou de sair da cirurgia.

Eu queria ficar ali, com Dave, para sempre, como se não adentrar mais a cardiologia fosse capaz de dar um fim àquele pesadelo.

Dave me levou até a área de espera, perto de uma janela que dava para a parede de tijolos aparentes do prédio adjacente do hospital. Gary estava de pé a um canto, tentando falar com Cathy, no Texas. Fui até ele e pus uma mão em seu braço. Ele pôs uma mão sobre a minha. Estava úmida e gelada. Notei a placa indicando que a salinha familiar diante de nós estava em uso. A porta estava entreaberta, e havia uma porção de gente chorando lá dentro. Aquele não era um bom andar.

Um médico de verde com um estetoscópio no pescoço se aproximou de nós. Devia ter uns trinta anos. Gary baixou o celular e olhou para ele.

chris

— A oxigenação do cérebro ficou muito baixa antes da cirurgia — o médico disse, evitando olhar nos olhos de Gary. Ele suava levemente na altura da têmpora. — Sabe se ela chegou a fazer um testamento vital?

Peguei a mão de Dave, enquanto Gary seguiu o médico até onde Chris estava. Eu tentava pensar nela naquele momento, ela que era conhecida por ser cheia de vida. Chris e Gary sempre levavam os meninos para pedir doces no Halloween, ou ao cinema, ou ao boliche, e compravam todo o algodão-doce e pipoca que eles quisessem.

Depois de alguns minutos, Gary voltou e deixou o corpo cair numa cadeira de plástico.

— O médico disse que, mesmo que ela sobreviva, nunca mais vai ser a mesma. — Sua voz não tinha emoção. — Vocês podem entrar, se quiserem. Mas ela não reage a nada.

Dave e eu entramos, lado a lado. Tubos e fios saíam de seus membros e de seu peito. Um ventilador pulmonar respirava por ela.

— Chris — Dave disse, aproximando-se primeiro. — É o Dave. — Ele se debruçou sobre a cama e levou a boca à orelha dela. — Sei que você vai conseguir. Estamos todos aqui, te apoiando.

Notei que Chris tinha esmalte pink nas unhas do pé.

Me forcei a me aproximar. Apesar das máquinas bipando e piscando em volta, ela parecia tranquila. Seu cabelo comprido e dourado e sua pele ainda morena do verão davam a impressão de que estava deitada em uma espreguiçadeira, à beira da piscina. O que eu queria lhe dizer era um pouco diferente do que Dave dissera.

— Chris — falei, e ele recuou, abrindo espaço para mim à cabeceira da cama. — Você lutou tanto quanto pôde. Se continuar lutando, estaremos aqui. Mas, se for demais, pode desistir quando estiver pronta. Sei que você se preocupa com Gary. Ele é como um irmão para Dave, e prometo que vamos nos certificar de que ele fique bem. Sua mãe também. Todos amamos Cathy, e vamos cuidar dela.

Olhei para as mãos de Chris e me lembrei de quando ela exibira sua aliança orgulhosamente, depois do casamento em Savannah. Tudo parecia surreal. Me inclinei mais para perto, porque queria que ela me ouvisse apesar do barulho do respirador.

— Eu te amo, Chris. Obrigada por ser nossa amiga.

Sei que ela me ouviu. Ou pelo menos gosto de pensar que sim.

Deixei a cardiologia horas depois, para ficar com os meninos, louca para me banhar em sua energia, para tê-los em meus braços. Quando passei por um quarto no mesmo corredor de Chris, perto dos elevadores, dei uma olhada e vi um senhor magro e frágil, sentado sozinho na poltrona em frente à porta, usando o avental do hospital. Seus olhos estavam arregalados de medo, e ele parecia implorar. Sua boca pareceu formar uma única palavra silenciosa, que eu não sabia qual era. Parei por um momento, absorvendo a cena, então virei a cabeça e segui em frente.

Depois que Chris morreu, nas primeiras horas da manhã seguinte, eu quis ficar sozinha. Fiz uma longa caminhada pelo East River, que ficava perto de casa, sentindo a cada passo que me faltava ar. Olhando para a água, uma ideia me ocorreu. Parei e, naquele momento, fiz uma promessa a mim mesma: que encontraria uma maneira de trabalhar voluntariamente com pessoas à beira da morte. A expressão no rosto daquele senhor tinha ficado impressa em minha mente, e eu estava muito decepcionada comigo mesma por simplesmente ter ido embora. Eu não tinha como resolver nada para ele, e claro que estava perturbada depois de ter me despedido de Chris quando nossos olhares se encontraram. No entanto, eu precisava de uma segunda chance. Parar na porta dele e dar algum sinal de que tinha ouvido. Ir até o posto de enfermagem e encontrar alguém que pudesse ajudá-lo.

Uma segunda chance era possível? Talvez não em relação àquele senhor, mas em relação a como eu lidava com o sofrimento de modo geral. Nas semanas e nos meses que se seguiram à morte de Chris, a lembrança do rosto daquele desconhecido pareceu se misturar ao rosto dos meus pais. Eu não conseguia esquecer que eles tinham muito menos tempo de vida do que já haviam vivido. Ambos estavam perto dos oitenta, de modo que aquilo deveria me parecer óbvio.

chris

De alguma forma, no entanto, fiquei atordoada, triste, como se pela primeira vez constatasse que eles não iam viver para sempre.

Sim, eu precisava encontrar uma maneira de fazer companhia aos que estavam morrendo. Parecia o último convite que Chris me fazia.

Quando contei do meu plano de fazer um curso para me tornar voluntária em uma unidade de cuidados paliativos, minha mãe balançou a cabeça, sem conseguir acreditar, depois olhou para meu pai.

— Como você vai dar conta disso? — ela perguntou, com uma voz doce, mas sincera.

Minha mãe tinha bons motivos para questionar minha decisão, tendo trabalhado tantos anos como enfermeira. Quando eu estava na escola, meus pais me convenceram a trabalhar como voluntária no hospital local, onde os dois haviam se conhecido e se apaixonado. Éramos uma família da área da saúde, os dois deviam imaginar, levando em conta a si mesmos e aos pais do meu pai, que também eram um casal de enfermeira e médico. Talvez eu tivesse aprendido por osmose, ou pela força do pensamento.

No meu primeiro dia, a coordenadora me levou para a pediatria. Eu usava um vestido listrado rosa e branco, com direito a chapéu combinando, o qual minha mãe havia me ajudado a prender em meu cabelo trançado com alguns grampos. Com o uniforme e meu nome no crachá de plástico, me sentia mais velha e cheia de autoridade.

— Todo ano, trazemos uma criança estrangeira para passar por uma cirurgia de reconstrução — a coordenadora disse, à porta de um quarto. — Este garoto nasceu com uma deformação facial rara. O que você está ouvindo é o som do tubo de traqueostomia, encaixado numa abertura na traqueia dele.

Um leve gorgolejo vinha do berço. O ar à minha volta de repente pareceu pesado e quente, e eu me apoiei à porta. Não cheguei a ver a criança, porque minha visão escureceu, e eu derreti como cera e escorreguei até o chão. Quando recuperei a consciência, uma enfermeira estava chamando meu pai, que estava de plantão naquele dia, para ficar comigo.

Naquela noite, em lágrimas, implorei que meus pais me deixassem desistir. Vendo minha aflição, eles concordaram, relutantes, em não insistir que eu fosse para a área da saúde.

Menos de um ano depois da morte de Chris, fui aceita em um programa de nove meses conduzido por dois monges zen-budistas que haviam fundado o centro para treinar pessoas nos cuidados paliativos do fim da vida. Alguns dos meus colegas eram médicos e enfermeiros, mas a maioria consistia em pessoas que tinham sofrido uma perda e queriam aprender a viver em harmonia com aquilo.

Desde os abortos espontâneos que havia sofrido, eu vinha meditando de vez em quando. Quanto mais aprendia sobre budismo, mais relevante me parecia para a vida real. Buda tinha começado sua busca espiritual quando era um príncipe jovem e protegido. Ele fugiu do palácio do pai uma noite e se viu imediatamente confrontado com cenas de velhice, doença e morte. *Isso também vai acontecer comigo*, o jovem pensou. *Vai acontecer com todo mundo, desde reis a indigentes.* Seu propósito se tornou encontrar uma maneira de ser livre por dentro, mesmo diante das condições incontroláveis que percorrem a vida de todos nós. Eu não conseguia pensar em professores melhores com quem aprender do que pessoas que tinham conhecimento do caminho para se afastar do sofrimento que Buda havia trilhado com muito sacrifício, trabalho duro e reflexão. Meio que esperava que estudar com dois monges budistas seria como pegar um atalho cósmico.

Fiéis à prática zen de prometer servir a todos os seres, sem exceção, os professores me colocaram para trabalhar com pacientes em uma unidade de cuidados paliativos com 25 leitos no maior hospital público de Nova York. No primeiro dia de aula fiz muitas anotações, tentando absorver o máximo possível

chris

antes de conhecer os pacientes. Havia alguns protocolos básicos do hospital para seguir, como lavar as mãos entre um paciente e outro e preencher um relatório-padrão depois de cada visita. Mas, na maior parte do tempo, o que nos pediam era que estivéssemos sempre presentes em espírito, sem nos distrair, com cada pessoa que visitássemos.

— Quanto mais tontos vocês forem neste trabalho, melhor — comentou rindo um dos monges, Koshin Paley Ellison, que estava sentado em uma almofada preta em uma sala de meditação simples banhada pelo sol em Chelsea, bairro de Manhattan. Nativo de Syracuse, Nova York, Koshin era o mais jovem dos professores, tinha a cabeça raspada e um sorriso reluzente no rosto.

No que depois eu reconheceria como um padrão estabelecido entre os dois, o outro monge, Chodo, acrescentou:

— Comecem com uma mentalidade de iniciante, abordando cada interação como algo novo.

Chris em Liverpool, semanas antes de morrer

Chodo iniciara a vida como Robert Campbell e crescera em Birmingham, Inglaterra. Com barba grisalha e sotaque britânico, ele exalava uma confiança que era ao mesmo tempo direta e calorosa.

— Vamos dizer que a pessoa na cama queira falar sobre sua equipe esportiva preferida — Koshin continuou, a partir de onde o outro havia parado. — Ainda que você não tenha o menor interesse em beisebol, comece a interação com uma curiosidade genuína. Você pode perguntar: "Do que é que você gosta nos Mets?". Quando ouvimos algo assim, quando deixamos de lado todos os preconceitos quanto a quem está à nossa frente, a pessoa nos dá acesso à sua vida, a suas paixões, a suas lutas. Seu tempo juntos será tanto uma questão de dar quanto de receber. Será uma dança com a vida, momento a momento.

A maneira poética como diziam as coisas mais mundanas me atraía. Ao mesmo tempo, eu tinha medo do que estava prestes a fazer: colocar-me intencionalmente em tamanha proximidade com a morte. A tarefa de aparecer e responder ao que era necessário em tempo real parecia simples demais para se sustentar. Como eu encararia as visões, os cheiros e os sons que tinham literalmente me derrubado da última vez que eu fora voluntária em um hospital? Ainda mais ameaçador era saber que, semana após semana, eu me forçaria a reconhecer que meus pais e outras pessoas que eu amava um dia não estariam mais comigo.

— A morte vai despertar vocês — Chodo prometia. Eu queria desesperadamente ficar na cama, em posição fetal, com as cobertas até a cabeça. Mas a morte de Chris tinha me ensinado que os riscos eram altos demais para que eu pudesse me permitir voltar a dormir. Tudo parecia depender de estar desperta.

SRA. B, QUARTO 724

A pessoa na recepção do andar havia me dito que uma visita faria bem à sra. B., do 724. Ela estava nos estágios finais de uma insuficiência cardíaca congestiva e não tinha muito tempo.

Era minha primeira semana trabalhando como voluntária, e eu estava determinada a entender como as coisas funcionavam. Fiquei aliviada que a unidade, com carpete branco e pinturas abstratas nas paredes, parecesse mais um hotel-butique de bom gosto do que um lugar aonde as pessoas iam para morrer. Minha maior preocupação era descobrir como começar quando entrasse no quarto de um novo paciente. Koshin aconselhara a simplesmente dar oi e encontrar uma cadeira onde sentar. Ele sempre fazia as coisas parecerem fáceis.

Bati na porta da sra. B e entrei. Do outro lado do janelão próximo à cama, o East River cintilava à luz da manhã. Ela acariciava com ternura um sapinho verde-vivo de pelúcia que descansava em suas pernas, de frente para ela, sem piscar.

— Entre — ela disse. Notei que havia um rosário com contas azuis e uma cruz prateada em sua mão frágil e envelhecida.

— Meu nome é Barbara. Sou voluntária aqui. Gostaria de companhia?

— Sente, por favor — ela disse, indicando a cadeira estofada do lado da cama. Aquilo me deixou contente.

Conversamos sobre os porta-retratos no peitoril da janela, em que apareciam suas duas filhas e muitos netos. Recentemente, ela havia ganhado bisnetos. Então a sra. B ficou em silêncio.

— No que estava pensando quando eu entrei? — perguntei, percebendo que ela estava esperando para ver se eu estava disposta a deixar que a conversa seguisse para onde realmente caminhava. Não demorou muito.

— Sei que não vou ficar aqui por muito tempo. E estou em paz com isso. Mas faltam alguns meses para o Dia de Ação de Graças, e o Natal vem logo depois. Não quero deixar minha família durante as festas de fim de ano.

Eu me atrapalhei um pouco para lidar com a sra. B, mas reconheci a tristeza dela. Fiz o meu melhor para deixar aberta a possibilidade de que suas filhas e a família de cada uma delas dessem continuidade ao que ela havia feito, seguindo com os rituais da família, mantendo-a na lembrança, valorizando uns aos outros. Às vezes, é na perda que mais nos lembramos de amar, eu disse.

Agora uma lágrima acompanhava o caminho das rugas de seu rosto. Eu lhe passei um lenço da mesa de cabeceira, que ela pegou com a mão trêmula.

— Meu neto me ligou ontem, do Novo México. Está triste, porque não vai conseguir vir me ver a tempo, com o trabalho e tudo o mais.

— A senhora pensou na possibilidade de escrever uma carta a ele? — perguntei, acreditando que aquilo poderia ajudar os dois. Ela pareceu se animar um pouco.

— Não consigo mais escrever, mas poderia ditar se tivesse quem fizesse isso por mim — ela disse, ajeitando o tubo de oxigênio que se encaixava em seu nariz.

Fui até a sala dos voluntários. Depois de procurar um pouco, encontrei um maço de folhas cor-de-rosa bem bonitas, com a borda ondulada.

Naquela manhã, a sra. B me ditou a carta que queria mandar para o neto. Não era longa nem poética, mas eu sabia que cada palavra era sincera.

Querido Keith,

Quero que você saiba que te amo muito. Você sempre foi um rapaz excelente, que me enche de orgulho. Desejo tudo de bom a você. Espero que, se for a vontade de Deus, um dia você conheça uma jovem com quem possa começar uma família. Estarei sempre olhando por você do céu.

Te amo muito,
Vovó

Ao fim, acrescentei: "Ditado a Barbara, uma voluntária do hospital".

sra. b, quarto 724

Depois disso, ela pediu que eu escrevesse outras cartas: para as filhas, para os outros netos e até para a bisneta. Também me pediu para escrever para o pessoal da igreja e o pessoal com quem jogava bridge. *Tantas pessoas, na ampla rede da vida dela*, pensei. *Todos gostaríamos de ter a mesma sorte.*

Quando terminei, a sra. B me pediu para colocar as cartas em uma mala pequena que estava no quarto, para que sua família não tivesse dificuldade em encontrar quando ela morresse.

Eu queria saber poesias ou orações de cor, para usar naquele momento. Mas só consegui pensar na primeira frase de uma passagem reconfortante da Bíblia, que aparece em uma música.

*Tudo tem seu momento,
e há uma ocasião para cada propósito sob o céu.*

— Obrigada — ela disse, voltando a recostar a cabeça no travesseiro. — Você sabe mais alguma?

Lembrei uma que poderia servir.

— A senhora conhece a oração da serenidade? — perguntei. Ela murmurou junto comigo: — *Senhor, concedei-me a serenidade necessária para aceitar as coisas que não posso mudar, a coragem para mudar as coisas que posso e a sabedoria para discernir entre elas.*

— Eu pedi a Deus que me mandasse um anjo esta manhã — a sra. B disse. — Agora sei que é você.

Perguntei a ela se poderia me despedir com um beijo. Bem ali, no quarto 724, amei aquela mulher como se fosse minha própria avó. Eu me inclinei e toquei sua testa quente com os lábios.

Certamente nunca me vi com asas de qualquer tipo. Todos nós somos seres imperfeitos. Mas, naquele momento, percebi que todos carregamos uma humilde faísca de conexão e amor, e que a simples dádiva da presença não apenas dá, mas também recebe.

OS ANCIÃOS

A vida seguia em frente, normalmente. Eu não encarava nenhuma montanha intransponível, não tinha nenhum rio furioso a atravessar. Não era que não tivéssemos desafios. Dave e eu trabalhávamos muito e voltávamos para casa toda noite cansados, mas prontos para encarar a segunda parte do dia, que envolvia jantar com as crianças, pagar as contas, conversar com familiares e amigos e depois ir para a cama. *Queria ver uma mãe ou um pai que não está sempre exausto*, eu dizia a mim mesma, consolando-me com o fato de que a vida moderna estava nivelada no baixo.

Mas tudo sempre muda, claro. Para nós, a normalidade chegou ao fim abruptamente, quando, no espaço de alguns meses, três dos nossos anciãos, como chamávamos carinhosamente nossos parentes mais velhos, foram diagnosticados com Alzheimer. Foi então que começamos a sentir a força total de ser parte da chamada "geração sanduíche": adultos de meia-idade que precisam cuidar ao mesmo tempo dos filhos e dos parentes mais velhos. Quebrei a escova de dentes sem querer uma noite, de tanta força que vinha fazendo em tudo na vida.

Entre todas as doenças possíveis, não havia nenhuma que eu receasse e desprezasse mais que o Alzheimer. Talvez isso se devesse a ter testemunhado o declínio de minhas duas avós, que moraram conosco quando eu era criança, enquanto a mente delas se ia lentamente. Talvez tivesse raízes no fato de que um tio havia recebido o diagnóstico ainda com cinquenta e poucos anos. Talvez fosse porque todo mundo na minha família se importasse um pouco mais que as outras pessoas com os emaranhados e as placas que prejudicam o funcionamento saudável dos neurônios, uma vez que meu pai se dedicava ao cérebro humano.

Ele foi o primeiro a ser diagnosticado.

os anciãos

Minha mãe, meus irmãos e eu tínhamos notado os sinais. Sua fala se tornara cada vez mais hesitante, e ele cometia cada vez mais erros de ortografia. Meu pai se perdera indo até uma piscina próxima, na qual fazia duas décadas que nadava. Um dia, Evan me levou até a escrivaninha do meu pai e me mostrou a foto de Natal da nossa família. Ele havia colocado etiquetas em cada um de nós, para ligar os rostos aos nomes. Fiquei chocada.

O neurologista que fez o diagnóstico clínico era companheiro de caminhada do meu pai. Minha mãe disse que vira o amigo e colega de profissão do meu pai esconder o rosto e enxugar uma lágrima em silêncio depois de dar a notícia.

Em uma manhã de fim de semana, fui visitar meus pais em sua casa em Nova Jersey, sem avisar. Nenhum deles nunca tinha reclamado daquele tipo de coisa, por isso eu pensara em aparecer sem anúncio para ver se dava uma olhada em como era a vida diária deles.

Encontrei meu pai sentado à mesa da cozinha, com os olhos fixos em um artigo.

— O que está olhando, pai? — perguntei, inclinando-me por cima de seu ombro para ver melhor. O título, em negrito, era: "Diretrizes de diagnóstico e trajetória da doença de Alzheimer". Recuei, assustada. Meu pai, um neurocirurgião aposentado que tinha uma mente brilhante, tentava inutilmente estudar a doença que vinha acabando com o seu cérebro.

Em nossas aulas, Koshin e Chodo nos lembravam de usar perguntas abertas quando falando com pessoas que passavam por uma mudança em sua saúde. Antes que eu conseguisse formular uma pergunta adequada para fazer ao meu pai, soltei:

— Pai! Não é deprimente demais ler sobre isso?

Ele olhou para mim, surpreso, e demorou a responder.

— Ah, não — começou a dizer, hesitante. — É fascinante aprender sobre isso agora.

Por trás das lentes dos óculos cheias de impressões digitais, seus olhos brilhavam, e eu soube que ele estava falando sério. Sentindo-me mal com a péssima pergunta com que tinha iniciado a conversa, eu me inclinei para lhe dar um beijo na bochecha.

Ambos olhamos quando minha mãe entrou na cozinha. Eu não tinha certeza se ele ainda lembrava o nome dela.

— Enquanto a dona da casa continuar cuidando de mim, está tudo ótimo — ele disse, e apontou na direção dela.

Minha sogra, Laura, foi a próxima a ser diagnosticada. Aos 83 anos, seu corpo estava em notável boa forma. Com sua memória, a história era outra. Alguns anos antes, conversávamos sobre as últimas notícias, ou o que vinha acontecendo em seu trabalho com idosos — ela exerceu a profissão de assistente social até os oitenta anos. Agora, havia dias em que ficava confusa e agitada de forma atípica.

Em uma tarde, meus filhos brincavam na sala, jogando bichinhos de pelúcia um no outro.

— Meninos! — ela gritou. Com um sorriso estranho no rosto, ela perguntou, zombeteira: — Quantos anos vocês têm? Deviam ter vergonha de ainda ter bichinhos de pelúcia nessa idade.

Evan só olhou para mim e deu de ombros. Drew correu para o quarto e fechou a porta atrás de si. Eu o encontrei deitado, com a cara enfiada no travesseiro.

— Foi muita maldade — Drew disse, com a vozinha abafada.

Acariciei as costas dele.

— Sinto muito pelo que aconteceu. Mas não é a vovó falando. É a doença.

Lembro do dia em que tentei romper a barreira da demência da minha própria avó. Eu a encontrei sentada em uma cadeira da sala, olhando para as árvores do outro lado da janela, e percebi que meu tempo de fazer perguntas importantes sobre a mãe dela, que era descendente de nativo-americanos, estava acabando. Eu sabia que era um assunto delicado, porque minha avó havia passado grande parte da vida procurando se integrar. No entanto, eu não esperava que

os anciãos

minha curiosidade despertasse tamanha fúria, porque aquilo não era típico dela. Minha avó se virou para mim, com os olhos escuros em chamas.

— Pare! — ela gritou, com a voz trêmula. Fiquei abalada, e me arrependi profundamente da dor que lhe causei. Também fiquei muito chateada, por saber que havia algumas coisas da história da minha família que nunca conheceria.

Mas, para cada dia ruim com minha sogra, parecia haver nove dias bons. Em uma manhã de sábado, encontramos com ela e meu sogro, Marvin, em um dos lugares de que mais gostávamos, uma seção do Jardim Botânico de Nova York com mata nativa, a maior área remanescente da floresta que costumava cobrir a cidade de Nova York.

Laura estava animada, parecendo uma criança. Usava uma jaqueta nova, que Marvin havia lhe comprado.

— *Mamãe me deu uma moeda para comprar pepino, mas eu não comprei pepino, e sim um chiclete* — ela falou, recitando uma canção infantil antiga enquanto corria à nossa frente. Eu me virei, esperando que os meninos percebessem aquele lado mais leve do Alzheimer, mas Drew estava se equilibrando sobre uma cerca e Evan recolhia pedrinhas discretamente, para o ataque que já devia estar planejando.

Laura parou para olhar um pisco-de-peito-ruivo que se banhava no córrego que acompanhava a trilha, estufando as penas e cantando alto.

— Oi, passarinho! — ela exclamou, então começou a assobiar junto com ele. Mais adiante, parou para sentir a casca branca e macia do tronco das bétulas. Tudo o que Laura notava era contido e inesperado, lindo a ponto de me fazer perder o ar. Sem ela, eu teria perdido tudo aquilo.

Há uma prática japonesa chamada banho de floresta, em que se desacelera o bastante para ver, ouvir e sentir profundamente a natureza, como uma criança faria. Sempre gostei do nome, "banho de floresta", como se o cérebro estivesse sendo expurgado de todos os poluentes que causavam demência. Lembrava-me do meu pai e de seu amor por Thoreau, que passava quatro horas caminhando toda manhã. "Uma caminhada logo cedo é uma bênção para o dia inteiro", Thoreau escreveu.

— Você também está gostando? — Laura perguntou. Seus óculos estavam ligeiramente tortos no rosto, o cabelo curto e grisalho estava desgrenhado por causa do vento. Seus lábios estavam entreabertos, em um sorriso amplo.

Sim, aquele momento também me deixava feliz, estar ali, na floresta, onde até mesmo conceitos pesados como o ciclo da vida e da morte faziam perfeito sentido. Árvores poderosas cairiam, seus troncos se transformariam em solo fértil para que uma nova vida surgisse e evoluísse. Era igual com nossos anciãos e com as gerações que viriam depois.

Perguntei a Dave sobre o que ele e o pai tinham conversado o tempo todo que ficaram sentados em um banco de madeira à entrada da trilha. Dave suspirou.

— Meu pai disse que anda pondo uns discos velhos para tocar para minha mãe, o tipo de música clássica que os dois ouviam quando começaram a namorar. Ele me falou que às vezes ela chora no sofá, por causa de uma ópera de Verdi.

Em geral, uma imagem dessas me levaria direto para a melancolia... A ternura do gesto de Marvin, a lembrança de um tempo em que ele e a mulher que amava ficavam de mãos dadas, deixando que a ária tomasse conta deles, alheios ao futuro distante que um dia teriam que enfrentar. Aquilo era luto em antecipação, sentir a falta de um ente querido antes mesmo que ele se fosse. A sensação não me saiu da cabeça, mas havia algo mais ali. Depois do dia na floresta, eu sentia algo mais leve, que ainda não era capaz de nomear.

Por volta dessa época, conheci uma mulher vigorosa chamada Joan, que parecia estar na faixa dos sessenta anos. Tinha cabelo cacheado e olhos bem azuis, e me surpreendeu quando disse que era uma monja zen-budista.

— Me diga algo a seu respeito — Joan pediu, doce. Eu poderia ter dito uma dezena de coisas diferentes, mas me peguei contando a história do meu pai e da minha sogra com Alzheimer.

os anciãos

Joan segurou minhas mãos.

— Eu gostaria de lhe dar um *koan* — ela me disse, referindo-se à prática zen de os professores darem aos alunos pequenos enigmas filosóficos cujo objetivo é abrir-lhes a mente para uma verdade maior. Eu nunca havia recebido um *koan*, e o que sabia deles me intimidava. Pareciam ser perguntas para as quais eu nunca seria capaz de dar uma resposta adequada, por mais que tentasse. "Qual era o seu rosto original, o rosto de antes de você nascer?" ou "Que som faz uma única mão batendo palma?". A impressão que eu tinha era de que levaria anos para desvendar um *koan* que fosse.

Fiquei nervosa, como uma criança prestes a fazer uma prova importante, e me perguntei se minhas mãos suavam nas dela.

— Estou pronta — menti.

Ela olhou intensamente nos meus olhos e perguntou:

— O que é maior que o Alzheimer?

Não fazia nem uma semana que eu havia recebido o *koan* de Joan quando soube de um problema com outro ancião: minha tia Beverly, única irmã do meu pai. Meus irmãos e eu a considerávamos uma segunda mãe. Ela estava presente em todas as datas comemorativas e férias em família de que conseguíamos lembrar. Era próxima o bastante para saber os detalhes mais importantes de nossa vida, mas distante o suficiente para nos dar conselhos sábios sem que nos ofendêssemos.

Tia Bev havia lidado sozinha com a perda de memória até que não fosse mais possível, morando só em um apartamento em uma cidade universitária pitoresca do estado de Nova York. Era uma mulher realizada, pioneira na luta pela igualdade das mulheres na educação e nos esportes, organizadora do primeiro grupo só de mulheres do Sistema Nacional de Patrulhamento por Esquis e uma respeitada e formidável professora, que recebeu do Exército o Prêmio de Excelência no Serviço Civil, por seu trabalho como professora visitante da

Academia Militar dos Estados Unidos. Ninguém fora capaz de convencer tia Bev a se mudar para uma casa de repouso, embora todos lhe tivessem sugerido fortemente. Em um fim de semana, Dave e eu fomos até a casa dela para levá-la a visitar um excelente estabelecimento ali perto.

— Ainda não — ela disse com firmeza, depois de ver o corredor lotado de andadores e cadeiras de rodas, estacionados do lado de fora do refeitório.

Eu soube que havia algo de muito errado com tia Bev quando ela me disse ao telefone um dia, com a voz fraca:

— Vou ficar bem. Vou me levantar do chão e... — Ela voltou atrás, na mesma hora. — Digo, vou até a cozinha pegar um copo de água.

Nos três dias que se seguiram, minha mãe, meus irmãos e eu ligávamos com frequência para verificar como ela estava.

No primeiro dia de ligações, pareceu que tia Bev havia distendido um músculo na região lombar. Ela disse que ia tomar ibuprofeno e que no dia seguinte já estaria se sentindo bem. No segundo dia, pareceu que estava tendo dificuldade de se locomover pelo apartamento. Marcamos uma consulta médica para o começo da semana seguinte. No terceiro dia, eu estava de cama por causa de um resfriado forte e liguei para tia Bev assim que acordei de uma soneca. Ela pareceu muito frágil e distante.

— Quer que eu ligue para a emergência? — perguntei.

— Não, não. Não é tão ruim — tia Bev respondeu, fraca.

Pedi que ela ficasse na linha e liguei para o meu irmão.

— David, ela está no chão. Vou ligar para uma amiga de tia Bev e pedir que dê uma passada na casa dela agora mesmo.

— Já estou saindo — David respondeu, pegando a chave do carro e deixando a família no meio do preparo do jantar.

Quando ele e a amiga de tia Bev entraram no apartamento, horas depois, encontraram-na em agonia. Ela não tinha ideia de quanto tempo fazia que estava no chão, ao lado da cama, ou de como havia ido parar ali. David, que tinha alguns anos de experiência como voluntário em ambulâncias, avaliou a situação, pegou com cuidado o corpo dela de menos de cinquenta quilos dela no colo e o carregou escada abaixo do prédio sem elevador, para levá-la ao pronto-socorro.

Ele me ligou duas horas depois.

— Nada do que ela disse nos últimos dias era verdade, Barb. A pélvis está fraturada em quatro pontos, e ela não comia nem bebia nada fazia dias. Quase a perdemos.

Eu me segurei até desligar. Então me sentei à mesa da cozinha e levei a cabeça às mãos.

Dois dias depois, peguei um trem até a cidade de tia Bev para liberar meu irmão e acompanhá-la na ambulância até um centro de reabilitação em Nova Jersey. Pelo menos ali alguém da família poderia visitá-la todos os dias.

Quando cheguei ao leito do hospital em que ela estava, fiquei surpresa em ver como parecia pequena em comparação com o mês anterior, quando eu a havia visitado e tínhamos saído para almoçar. Tia Bev lembrou meu nome, mas estava delirando, falando sobre meu pai, a quem sempre chamava de Bud. Era como se ambos fossem crianças de novo.

— Ah, uma batata! Que bom! Vou dividir com Bud. Ele vai ficar tão feliz!

Mas não havia batata em lugar nenhum. Assenti. É muito mais fácil entrar no mundo deles do que contradizê-los, como minha mãe me aconselhava quando minhas avós moraram com a gente.

— Tia Bev — eu disse —, achamos que seria melhor se a senhora se mudasse para Nova Jersey, para ficar mais perto de Bud e de toda a família.

— Eu adoraria — ela respondeu, sorrindo.

Alguns dias depois, eu estava no banco da frente da ambulância, que passava pelas fazendas de criação de cavalo e pegava a estrada interestadual. Tia Bev dormia na maca na parte de trás, perto de um socorrista que verificava seus sinais vitais a cada vinte minutos. Nosso amigo Gary mandou uma mensagem de parabéns. Eu tinha esquecido completamente que era meu aniversário.

Depois da morte de Chris, ele havia assumido a tarefa que fora dela de entrar em contato em todos os aniversários. Mandei um coraçãozinho de volta para ele e contei onde estava. *Peça que liguem um pouco as sirenes para você*, ele respondeu, com um emoji piscando.

A pergunta de Joan voltou à minha mente: *O que é maior que o Alzheimer?*

A ideia é que a pessoa ingira e metabolize o *koan*, que se torne ele. *Passe da mente pensante à mente por trás da mente*, instruí a mim mesma, como se tivesse ideia do que estava falando. Além do estigma do Alzheimer, do medo e do sofrimento, da separação e da morte, tinha que haver algo mais.

As noites passadas no sofá de tia Bev cobraram seu preço, e comecei a pescar. Apoiei a cabeça no vidro e fechei os olhos. Eu estava de volta à floresta, com Laura. A natureza definitivamente é maior que o Alzheimer, pensei, sonolenta. A tenacidade e a curiosidade de meu pai quanto à doença que devorava seu cérebro, a julgar por como lia o prognóstico médico à mesa da cozinha, são maiores que o Alzheimer. Meio dormindo, meio acordada, vi meus irmãos, minha mãe, meu marido e meus filhos em um círculo em torno de meu pai, Laura e tia Bev. O modo como um ser humano cuida do outro, mesmo quando a pessoa nem reconhece a outra, é maior que o Alzheimer, pensei. E quanto ao amor? O amor não é maior que o Alzheimer?

Minha cabeça pendeu para a frente, e acordei. Cocei o pescoço.

— Tirando uma sonequinha? — o motorista perguntou.

— Talvez — eu disse, me perguntando se tinha mesmo dormido. Depois fiquei em dúvida se havia sido mal-educada com ele, e perguntei sobre a tatuagem em letras pretas que cobria seu antebraço:

— O que a tatuagem diz?

Ele deu uma olhada, como se tentasse decidir quão sincero queria ser.

— São duas frases que me ajudaram a passar por muita coisa na vida. São meio que um lema. *Aponte para o céu. Não consigo chegar lá sozinho.*

os anciãos

Meu pai e tia Bev

— Que profundo — eu disse. — De onde é?

Ele voltou a olhar para mim, agora um pouco tímido.

— Da minha banda preferida, Misfits.

— Legal — eu disse, assentindo. Sorri enquanto olhava para os pinheiros que ficavam para trás.

Uma filha/nora/sobrinha refletindo sobre um *koan* zen e um motorista de ambulância guiado por uma banda punk. No fim das contas, importa qual é a fonte de nossa inspiração se ela nos leva aonde temos que ir?

PRIYA, QUARTO 714

No meu primeiro ano como voluntária no andar dos cuidados paliativos, havia certos quartos que eu tendia a evitar. Se visse que um paciente tinha mais ou menos minha idade, era capaz de criar um punhado de desculpas aparentemente boas para não fazer uma visita, mal conseguindo admitir para mim mesma que aquilo me lembrava um pouco demais da minha própria impermanência. Eu sabia que não era algo bom. Mas tentava ser bondosa com o meu eu mortal em minhas tentativas de me convencer a entrar onde tinha medo.

Como na manhã em que vi, no censo do andar — a lista de pacientes que ocupava cada leito —, que a mulher do quarto 714 era só um dia mais nova que eu. O que havia acontecido com ela? O que a levara àquela cama? Tinha marido e filhos, como eu? Como eles estariam lidando com a doença dela? Fiquei parada diante da porta do quarto um momento antes de entrar, atenta apenas à minha própria respiração.

A veneziana estava parcialmente fechada. À meia-luz, vi que havia alguém ao pé da cama. Me forcei a endireitar as costas e me apresentei à paciente e ao visitante.

— Bom dia. Meu nome é Barbara, e sou voluntária. Gostaria de companhia?

Era o que eu sempre dizia ao me apresentar.

Como se eu fosse uma convidada importante, o homem se levantou da cadeira para apertar minha mão. Muito simpático, ele se apresentou como Aarush, marido da paciente, Priya. Devia ter quarenta e poucos anos e parecia exausto, como se tivesse passado a noite sentado. Ainda assim, fiquei comovida com sua hospitalidade naquele quarto apertado, e o encorajei a se sentar e descansar.

priya, quarto 714

Olhei para Priya e levantei uma mão em cumprimento. Seu cabelo preto devia estar com pouco mais de dois centímetros — devia ter crescido só aquilo depois que a quimioterapia fora interrompida. Tinha um caderno pautado sobre as pernas, no qual escrevia com uma caneta vermelha. Olhou para mim e retribuiu meu sorriso antes de voltar à página. Dei uma olhada rápida — parecia que havia escrito a mesma coisa em todas as linhas.

— Na cultura hindu, temos o costume de escrever o nome de Rama repetidas vezes. *Rama, Rama, Rama*, em sânscrito — Aarush explicou. — É um mantra muito poderoso, que ajuda Priya a ver com mais clareza e afastar os pensamentos ruins.

— Ah, já ouvi falar disso — respondi, lembrando que o pai de uma amiga de faculdade, que também era hindu, havia me contado sobre devotos que repetiam palavras sagradas através do canto ou da escrita, para focar em Deus. Ele dissera que o nome daquilo era *japa*. Diziam que Gandhi escrevia o nome de Rama repetidamente, e muitos acreditavam que suas últimas palavras antes de ser assassinado tinham sido "*Hé! Rama!*", ou "Ó, Deus!".

Aarush pareceu surpreso.

— Você conhece a Índia?

Virei para Priya, sem querer quebrar sua concentração, mas ela mantinha a cabeça baixa e parecia estar completamente absorvida em sua meditação. Eu me sentei na cadeira vazia ao pé da cama, ao lado de Aarush.

— Visitei há dois anos, com meu marido e meus filhos — respondi, baixo. — Visitei Mumbai, Délhi, Kerala e Varanasi.

— O que seus filhos acharam do país? — ele perguntou, chegando um pouco mais perto e me oferecendo toda a sua atenção.

A pergunta me pareceu impossível de responder com concisão. Durante a viagem, era como se os meninos estivessem sempre fazendo uma listinha. Curry era ruim, *naan* com manteiga era bom. Vacas na rua era divertido, o trânsito constante e as buzinas eram insuportáveis. Pintar um ao outro de pó colorido durante o festival Holi era *incrível*. Aonde quer que fôssemos, Dave e eu tentávamos transmitir a eles nosso amor pelo país, mas sabíamos que viam tudo com seus próprios olhos.

Em vez de responder diretamente, contei uma história a Aarush:

— Uma coisa que sei que eles nunca vão esquecer é do conjunto de críquete que compraram no mercado de Varanasi. Era de plástico e amarelo, provavelmente feito para que crianças menores aprendessem a jogar.

Aarush assentiu, me encorajando a seguir em frente com a história.

— Sempre que meu marido e eu parávamos para consultar o guia de viagem, os dois começavam a jogar, em qualquer espaço que houvesse. Apareciam crianças de toda parte para jogar também. Uma manhã, eles estavam jogando à beira do Ganges e a bola sempre ia parar no rio. Meu marido teve que entrar uma porção de vezes para pegar.

Priya parou de escrever. Ela tirou os olhos do papel e sorriu.

— Entrar no Ganges é algo muito auspicioso — Aarush explicou.

Pensei no nosso último dia na Índia, quando Evan e Drew chamaram um menino para brincar com eles. Era um pedinte, que ficara balançando a cabeça para negar o convite, mas os dois tinham insistido. Vi que algumas pessoas de *status* social mais elevado olhavam com reprovação, mas Evan e Drew nem perceberam e acabaram convencendo o menino a pegar o taco. O sorriso do menino iluminara toda a rua.

— Há quanto tempo vocês estão aqui? — perguntei, querendo estabelecer uma conexão que fosse além da minha experiência turística. Priya voltou a olhar para o caderno e para a tarefa que tinha em mãos.

— Chegamos há três dias, no meio da noite, porque ela estava com muita dor. Saímos de casa tão rápido que nem tive tempo de trazer música ou os objetos do nosso altar. Nossa filha só vai chegar da faculdade, em Chicago, no fim de semana.

Uma filha. Então Priya tinha uma filha, um pouco mais velha que Evan. O fato de que a vida de Priya havia começado apenas um dia depois da minha ressurgiu como uma dor incômoda no meu peito. Fiz um cálculo perturbador:

a "meia-idade" de Priya tinha sido aos vinte e poucos anos. Torci para que ela e o marido não me notassem respirando fundo e devagar.

Fiquei aliviada quando bateram à porta e alguém da equipe médica entrou, com o brilho nos olhos típico da residência.

— Vou deixar você mais à vontade, mas depois eu volto — prometo.

Enquanto saía do quarto, me perguntei se poderia ser útil de alguma forma. Revirei o cérebro, tentando lembrar como era um altar hindu. Procurei na sala dos voluntários por algo que refrescasse a minha memória. Em uma caixa de suprimentos para usar com os pacientes — arames coloridos, cola, conjuntos de aquarela, esmalte e kit de manicure —, encontrei duas velinhas a bateria e liguei. Era um bom começo. Depois, encontrei um tocador portátil e dei uma olhada nos CDs que havia ali, separando os de música clássica e de datas comemorativas, até que encontrei uma coletânea de *kirtans* hindus de Krishna Das, um cantor de música devocional hindu. Foi muita sorte.

Depois fui atrás de Mary, a voluntária que trazia flores frescas para as áreas comuns toda segunda-feira. Eu a encontrei cantarolando sozinha diante da pia da sala de suprimentos, cortando talos e enchendo vasos de água.

— Tem uma mulher chamada Priya no 714 que adoraria um arranjo pequeno — eu disse a ela.

— Flores não faltam aqui — Mary disse, animada, colocando algumas tulipas bem vermelhas em um vaso de porcelana e me entregando a seguir.

Quinze minutos depois, eu estava de volta ao quarto de Priya, fazendo um altar. O marido abriu espaço no peitoril da janela, onde dispusemos os poucos itens. Quando dei o play e a voz de Krishna Das começou a sair do tocador, Priya olhou para mim e sorriu de novo.

— Isso é muito, muito bom — o marido disse, recuando um pouco para admirar o que havíamos feito. — Mas a música, para nós, pode vir de qualquer religião. No hinduísmo, é tudo uma coisa só.

Ri do meu perfeccionismo. Quantas vezes eu não tinha cometido o erro de achar que precisava ler todos os livros sobre hinduísmo — ou sobre qualquer assunto — para poder ser de alguma ajuda? No fim, eu não precisava de nada mais para tornar aquele momento sagrado. Como no caso de Aarush, que se levantara para apertar minha mão mesmo estando exausto, ou no de Evan e Drew, que haviam persuadido um menino de rua a se juntar a eles em seu jogo de críquete, mesmo o menor dos gestos, quando oferecido de coração, tem o poder de se transformar em generosidade.

Como acontecia com a maioria dos pacientes do andar, eu nunca soube o que aconteceu com Priya. Mas eu me sinto um pouco mais à vontade com a mortalidade, a minha e a dela, quando penso em sua devoção obstinada e desejo que, em seus momentos finais, o nome de Rama estivesse dançando na ponta de sua língua.

FELIX

Por cem anos, minha família tem passado de uma geração para outra um esqueleto a que chamamos carinhosamente de Felix. Ele entrou em nossa vida por meio do meu avô, que, ávido por se tornar médico depois da morte da avó em 1918, durante a pandemia de gripe espanhola, entrou para a escola de medicina e recebeu um esqueleto humano para ajudá-lo a estudar para um seminário de anatomia macroscópica.

O esqueleto de Felix já tinha sido preparado quando meu avô o recebeu. Os tendões haviam sido retirados, o crânio fora serrado horizontalmente para que a parte de cima pudesse ser removida e estudada, o maxilar estava preso por uma mola que o impedia de cair e havia um furo no topo da cabeça, para que os ossos, que estavam todos ligados por arames, pudessem ser pendurados.

Depois de se formar, meu avô abriu uma clínica, em meio à Grande Depressão, e Felix, que a escola de medicina aparentemente não esperava que fosse devolvido, encontrou um lar no consultório dele.

Em 1954, meu pai se formou em medicina, seguindo os passos de meu avô. Fiel, Felix passou ao consultório dele, prestando-se mais uma vez ao papel de professor. Até sua aposentadoria, meu pai mantinha o crânio de Felix na escrivaninha e ensaiava cirurgias complicadas nele antes de fazê-las de verdade. Embora o topo do crânio pareça um casco de tartaruga de tão liso, a parte de baixo é uma paisagem cheia de cristas e vales. Um crânio vazio, com o cérebro pulsante ausente, é uma ferramenta tridimensional inestimável, segundo meu pai me disse uma vez.

Meu irmão George foi o próximo na família a se formar em medicina e oferecer sua casa como lugar de descanso para Felix. Pareceu apropriado, porque a esposa dele também era médica, e suas duas filhas demonstravam interesse em seguir o caminho dos pais. Parecia que, independentemente do que o futuro lhe reservasse, Felix nunca deixaria de receber atenção.

Tudo ficou bem por um tempo, até que Felix começou a dar sinais da idade. A cada ano que se passava, seus ossos ficavam mais frágeis. Suas têmporas finas como papel começavam a esfacelar, a ponta de seus dedos e seus dedos dos pés soltavam uma poeira granulosa. Os arames enferrujados que mantinham seus ossos juntos também pareciam se desintegrar.

Uma manhã, eu estava sentada à mesa da cozinha dos meus pais, tentando decidir com eles o que fazer com Felix. Evan e Drew apareceram para fazer um lanche antes de jogar basquete na garagem do vizinho, e se interessaram pela conversa. Como eu, não conseguiam se lembrar da vida sem Felix. Como tinham demonstrado curiosidade, Dave e eu fizemos questão de falar com eles abertamente sobre o que acontece com o corpo depois da morte. Em nossa viagem a Varanasi, Índia, pegamos um barco a remo para assistir ao nascer do sol a partir do Ganges. Varanasi é um lugar sagrado na religião hindu. Quem morre ou é cremado ali, é libertado do ciclo da morte e do renascimento. Piras funerárias queimavam em toda a costa. Familiares se reuniam em volta do fogo, chorando e lamentando, enquanto cães sarnentos reviravam os restos das piras que já haviam se transformado em cinzas. Os meninos não se deixaram impressionar. Disseram que achavam que seria diferente — que veriam corpos flutuando pelo Ganges e ardendo em chamas, ao estilo viking. Eles tinham uma perspectiva diferente quanto ao corpo em relação a outras crianças, e a presença de Felix em casa só contribuía para isso.

Quando eu era pequena, não teria ficado surpresa se me dissessem que toda casa tinha o próprio esqueleto. Às vezes eu me sentava na cadeira giratória à escrivaninha do meu pai, batia os dentes que restavam a Felix e me perguntava como ele devia ter sido em vida. Tinha irmãos? Deviam ter ficado muito tristes quando ele morreu, eu imaginava.

Já adulta, aprendi sobre a prática budista anciã de meditar em áreas onde *felix*

cadáveres eram deixados para se decompor ou ser devorados por abutres e outros animais selvagens. Os monges observavam o espetáculo da dissolução para evitar se apegar demais ao corpo e, assim, ver com clareza e reconhecer a essência da impermanência. O budismo nos encoraja a permitir que a morte esteja conosco, a nos tornar íntimos dela. Diz-se que um dia que se passa sem contemplar a morte é um dia que não foi plenamente vivido.

Mas *como* fazer isso? Uma prática que ressoava em especial com meu eu adulto era a chamada Nove Contemplações de Atisha, um mestre budista bengali do século XI. Eu mantinha a lista impressa na minha mesa de cabeceira, para ler toda manhã: "Todos morreremos, mais cedo ou mais tarde. Seu tempo de vida está sempre em declínio. A morte virá quer se esteja preparado, quer não. Nosso tempo de vida não é fixo. A morte tem muitas causas. O corpo é frágil e vulnerável. Seus entes queridos não podem proteger você da morte. No momento da morte, os recursos materiais não têm nenhuma serventia. Seu próprio corpo não poderá ajudar você quando a hora de sua morte chegar".[13]

O que eu compreendia, graças a Felix, era que, logo abaixo da pele, eu também tinha um esqueleto, uma representação comum da morte. Assim, vivemos com o lembrete constante de nossa mortalidade dentro de nós. Parecia haver duas escolhas: abraçar a plenitude — o yin-yang da vida e da morte, inter-relacionadas — ou lutar contra nossa natureza transitória.

Naquela manhã, à mesa da cozinha, minha mãe teve uma ideia com que todos concordamos.

— Já sei! — ela anunciou, animada. — Vamos cremar Felix para que ele fique conosco sob o azevinho depois que morrermos.

Minha mãe olhou para meu pai, que assentiu, talvez pensando na árvore e na tradição familiar.

O azevinho é importante em nossa história. Fica à beira de um lago de Nova Jersey, onde meus avós costumavam morar. Hoje, quem mora ali é meu irmão David, com a família. Durante a Grande Depressão, meu avô aceitara a árvore em troca de tratamento, por parte de alguém que não podia pagar. Na verdade, eram duas árvores emaranhadas, pois a fêmea e o macho da espécie precisam estar próximos para que haja polinização e as frutinhas vermelhas surjam. Os restos mortais dos meus avós, que foram cremados, residiam sob a árvore, e meus pais pretendiam ir para o mesmo lugar. Todo ano, tartarugas-mordedoras punham ovos em um ninho raso próximo à árvore, talvez porque as folhas fornecessem proteção contra os predadores. Parecia um lugar apropriado para a coexistência da vida e da morte.

Muitas pessoas nunca tomam uma decisão quanto ao que vai acontecer com seus restos mortais. Não é o caso dos meus pais, que mereciam nota máxima no quesito preparação. Cada um deles tinha feito e assinado um testamento vital, além de uma procuração durável para assistência médica. Também tinham um papel na geladeira para ajudar futuros paramédicos a encontrar os documentos com facilidade em caso de emergência.

Também tinham elaborado um plano sensato, em que um proprietário de agência funerária chamado Jim ia cremar o corpo e entregar as cinzas pessoalmente a meu irmão, junto com dez cópias autenticadas da certidão de óbito. Jim havia cremado a mãe da minha mãe e dois irmãos da minha mãe, e meus pais confiavam nele. Tudo ia custar menos que a maioria dos caixões. Não havia nada de sentimental naquilo, e a conveniência da coisa toda satisfazia meus pais, que eram do tipo que achava que devíamos guardar o que restasse do dinheiro para a educação dos netos.

Agora os dois queriam que Felix se juntasse a eles.

Não vai dar, disse Jim, responsável pela cremação. São necessários documentos para cremar alguém, mesmo um esqueleto antigo: certidão de nascimento, certidão de óbito, número do seguro social. Considerando que o número do seguro social só foi criado quando Felix já estava morto, a única escolha que tinham era entregá-lo ao Instituto Médico Legal do condado.

Antes que o fizessem, passei algum tempo com o esqueleto. Eu o envolvi em um cobertor macio, de quando Evan era pequeno. Segurei seu crânio e olhei em suas órbitas uma última vez. Eu me senti como Hamlet, sentada ali, com uma cabeça nas mãos. *O que quer que desperte a natureza também passará*, Buda repetia em seus ensinamentos. Diziam que, ao ouvirem tais palavras, algumas pessoas atingiam a iluminação imediatamente.[14] *Nada está isento de mudança*, pensei, protegendo melhor o corpo com meu casaquinho. *Nem mesmo eu.*

Antes de fechar a caixa, coloquei dentro um bilhete escrito à mão, dizendo quão importante Felix tinha sido para minha família e praticamente implorando para que tomassem conta dele. Por último, incluí meu e-mail.

Seis meses se passaram. Até que, um dia, apareceu um e-mail na minha caixa de entrada cujo assunto era "Esqueleto".

Era de uma professora de uma escola pública de ensino médio.

Muito obrigada por sua incrível doação! "Felix" foi remontado! Uma professora de física me ajudou a parafusar as pernas e a encontrar uma maneira de prender a cabeça.

Ele já está sendo usado na minha aula, e ainda vai ser usado pelos alunos de anatomia, fisiologia e ciência forense por muitos anos!

Li algumas análises forenses que ela e os alunos tinham feito do esqueleto, baseado nas placas epifisárias, nos pontos de inserção dos músculos nos ossos, no tamanho do quadril e na área acima dos olhos, assim como nos sinais de alterações artríticas. Felix era um homem caucasiano que morrera entre os trinta e cinco e os quarenta anos.

Anexa ao e-mail, havia uma foto de vinte alunos com as mãos cruzadas em volta de uma mesa, muitos deles com a cabeça baixa. A sala devia estar em completo silêncio.

Quase caí da cadeira quando vi na assinatura eletrônica do e-mail que se tratava de uma professora da mesma escola onde as filhas de meu irmão George estudavam. Parecia que estávamos destinados a continuar próximos de Felix ao longo dos anos, independentemente da maneira.

O que eu quero que façam com meu corpo depois que eu morrer?, comecei a me perguntar. Considerando tudo o que Felix fez por minha família ao longo de quatro gerações, oferecer meu corpo em troca parecia o mínimo. Por isso, fiz algumas pesquisas. Havia mais de 100 mil pessoas esperando por um transplante de órgãos que salvaria sua vida, de modo que doar meus órgãos seria muito útil e ajudaria muita gente. Escolas de medicina e institutos científicos também precisam de corpos humanos e podem aceitá-los depois que os órgãos necessários são retirados.

Felix com meu avô e a irmã, 1927, Ocean Grove, Nova Jersey

felix

No aniversário de um ano da doação do corpo, uma organização plantaria uma árvore em uma floresta nacional no Colorado, que, por acaso, fica perto da cidade nas Montanhas Rochosas em que Drew estudaria por um semestre no ensino médio. Eu o imaginei voltando à região um dia, com a própria família, sabendo que uma árvore em milhares tinha sido plantada por minha causa. O destino dos meus restos mortais, ou pelo menos a parte que eu podia controlar, começou a ficar mais claro para mim.

Decidi que um cacho do meu cabelo seria um bom substituto para minhas cinzas e poderia ser enterrado sob o azevinho. Daquele modo, eu também me juntaria à minha família e às tartarugas, perto do lago.

Incluí todos os meus desejos em um bilhete escrito à mão, coloquei em um envelope e o fixei na geladeira, exatamente como meus pais.

SR. R, QUARTO 734

— Ajudaria muito se você pudesse passar um tempo com o sr. R, no 734 — a assistente social do andar de cuidados paliativos me disse uma manhã, assim que entrei na sala dos voluntários. Tinham ocorrido duas mortes na noite anterior, e estavam todos muito ocupados falando com as famílias, preenchendo a papelada e preparando os quartos para quem viesse a seguir.

— Claro — eu disse, pendurando o casaco. — O que pode me dizer a respeito dele?

— É muçulmano, está com setenta e tantos anos e não tem absolutamente ninguém.

Coloquei o crachá de voluntária, prendi o cabelo para trás e fui para o corredor, tentando recuperar o pouco que sabia sobre o islamismo.

Lembrei-me de um dia alguns meses antes, no aniversário de morte de Marisa, minha amiga de infância, e de como eu tinha ficado nostálgica. Eu passara o dia todo pensando nela e no período em que vivera com o fim em mente. Também pensara na viagem que fizera à Turquia, com Dave e os meninos, que tinham seis e nove anos. Na noite em que chegamos a Istambul, levei minha família em *jet lag* até um salão escuro para ver os dervixes rodopiantes, da ordem do sufismo que o poeta Rumi seguia, a dimensão mais mística do islã. Senti os corpinhos sonolentos dos meninos pesarem contra meus ombros, um de cada lado. Dave só olhou e sorriu de leve. No borrão das saias compridas dos dervixes, que giravam, e da música fascinante, eu senti que estava tudo certo com o mundo.

Depois, ficar completamente absorvida pelo ato de devoção corporificado dos dervixes me levara a procurar a comunidade sufista de Nova York. Fiquei surpresa ao encontrar um centro a uma curta distância do meu apartamento,

sr. r, quarto 734

não muito longe do ponto onde vi as Torres Gêmeas ser tomadas pelas chamas no Onze de Setembro, com Evan no carrinho.

Eu não estava pensando em futuros pacientes quando, meses antes, entrei pela porta da frente do prédio de três andares em Tribeca, onde ficava o centro sufista. Cheguei a um salão amplo, com peles de ovelha dispostas em círculo no chão coberto de tapetes persas vermelhos. Dois lustres fracos pendiam do teto. Estandartes verdes com uma caligrafia dourada em árabe decoravam as paredes de tijolinhos pintados de branco.

Uma mulher de cabelo curto e óculos redondos levou a mão ao coração em cumprimento e se apresentou como Zhati.

— Venha se sentar comigo que eu explico tudo — ela disse, simpática, apontando para um banco de madeira do lado de fora do círculo de peles.

Alguns dervixes se inclinaram para me cumprimentar. Conheci um casal recém-casado vindo do Paquistão, uma mulher de Istambul e um homem do Harlem.

O salão ficou em silêncio quando uma mulher elegante de uns setenta anos entrou e se sentou. Zhati me disse que era Shaykha Fariha, a primeira mulher ocidental a ser nomeada guia espiritual daquela ordem sufista.

— Não nos preocupamos muito com formalidade aqui — Shaykha Fariha disse, dirigindo-se às pessoas ali reunidas. — O caminho sufista é o caminho místico do amor. Da divina união entre amante e amado, que é nossa verdadeira essência. O *zikr* é a prática através da qual recordamos Deus.

Uma mulher com um solidéu branco circulava pelo grupo, inclinando uma garrafa de bronze como aquelas dos gênios das histórias para nossas mãos estendidas. Imitei aqueles que vieram antes de mim e levei a mão ao nariz para cheirar a água de rosas, depois esfreguei nas palmas e passei no cabelo e no rosto.

O grupo começou a entoar *La ilaha illallah*, balançando a cabeça ritmicamente, do ombro direito para o esquerdo. Fiz o mesmo. A repetição ficou mais rápida, depois mais curta. *Illallah, illallah* — um som que lembrava o coração humano quando ouvido de dentro do corpo. Comecei a me sentir levemente hipnotizada, levemente eufórica, conforme as palavras eram repetidas, talvez uma centena de vezes.

Zhati se inclinou para a frente e explicou o que era *La ilaha illallah* — parte da declaração universal de fé repetida por muçulmanos no mundo todo —, que eu imaginava como uma força mística.

— Além de Deus, não há nada. Além de todas as divindades mundanas que nosso ego ama adorar, como a ambição, o poder, a riqueza, o *status* social e as aparências, existe apenas a realidade. É preciso morrer para o velho modo de vida, que não serve mais à plenitude de quem realmente somos.

Zhati ajeitou o longo cordão de contas em volta do pescoço e olhou para mim, com intenção.

— Morra antes de morrer. É assim que a vida vem.

Depois de um tempo, o grupo se levantou e formou dois círculos concêntricos. De mãos dadas, demos um passo e depois outro para a esquerda. Uma mulher com um tambor fino e largo e um homem com um instrumento de corda chamado *setar* começaram a tocar, enquanto outro homem se posicionava no meio do círculo e punha a mão em concha atrás de uma orelha. Ele começou a cantar melodicamente, em árabe.

O grupo agora parecia um único organismo, lindo, movendo-se em conjunto.

Sob a liderança de Shaykha Fariha, todos soltaram as mãos e começaram a se virar devagar para a esquerda, na direção do coração. Duas mulheres usando saias brancas esvoaçantes e um homem com uma veste comprida começaram a girar cada vez mais rápido. Tirei os pés do caminho, enquanto me perguntava se eles não ficavam tontos.

Os dervixes giraram por quase quinze minutos sem parar, até que, com uma batida de palmas repentina, Shaykha Fariha deu um fim ao movimento. Os dervixes cruzaram os braços e fizeram uma reverência de cabeça. Eles me lembraram de patinadoras no gelo, capazes de encerrar uma apresentação em uma pose firme e graciosa depois de ter girado tão rápido a ponto de dar a impressão de que seu corpo ia ficar permanentemente torcido.

O *zikr* terminou depois da meia-noite. Eu estava exausta, mas também me sentia viva. O cheiro da água de rosas, a iluminação dos lustres, o som das vozes e da música e o movimento meditativo tinham me cativado. Eu sabia que voltaria algum dia.

Mas como a experiência daquela noite poderia me ajudar a fazer companhia a um muçulmano morrendo, três meses depois, eu não saberia dizer.

O sr. R estava deitado em posição fetal, de frente para a porta. Embora estivesse coberto, dava para ver que era alto e esquelético. Ele tremia incontrolavelmente.

Arrastei a poltrona bege e pesada para mais perto da cama e me sentei em seu braço.

— Sr. R, meu nome é Barbara.

Ele não disse nada.

— Se não se importar, pensei em ficar um pouco aqui com o senhor.

Os tremores dele eram desconcertantes. Eu quase podia sentir meu cérebro chacoalhando dentro do crânio, só de ver seu corpo convulsionar. Inclinei-me para mais perto da cama e comecei a cantarolar baixo, por instinto, em uma tentativa de tranquilizar tanto a mim quanto a ele.

Quando parei, um verso me veio à memória, a princípio vago. Comecei a ouvir *La ilaha illallah*, as palavras árabes que os sufistas repetiam em suas reuniões. Eram as mesmas que eu tinha ouvido ecoar pelos becos de Daca quanto estava trabalhando em Bangladesh e em todo lugar quando viajávamos pela Turquia, como parte da prece que soava dos minaretes cinco vezes ao dia.

Eu me inclinei para mais perto do sr. R e, do fundo do coração, sussurrei as palavras sagradas:

— *La ilaha illallah.*

Nada.

Depois de várias rodadas de repetição, perguntas a respeito dele começaram a surgir. O que causava seus tremores? Onde estava sua família? Importava que eu não fosse muçulmana, considerando que não havia mais ninguém disponível? A beleza da frase anciã afogou minhas perguntas antes que eu pudesse fazer quaisquer conjecturas. Nenhuma resposta parecia digna daquele momento. *La ilaha illallah.*

Depois de um tempo, percebi que os tremores do sr. R pararam. Quando me afastei da cama, seu corpo voltou a convulsionar, por isso retornei ao canto. *La ilaha illallah. La ilaha illallah.* Eu não esperava que a música me afetasse tanto quanto a ele. Não era mais ele o doente e eu a saudável. Ele quem precisava de ajuda e eu quem prestava ajuda. Ele um homem e eu uma mulher. Ele mais velho e eu mais nova. Que serventia tinham aquelas divisões?

Uma hora e meia deve ter se passado, então tive que ir para o trabalho. Os olhos do sr. R continuavam fechados, e ele ainda não respondia. Eu disse que sentia muito, mas precisava ir embora. Os tremores recomeçaram, e eu saí do quarto recuando bem devagar, para não lhe dar as costas nem por um momento. Era devastador ter que deixá-lo daquele jeito.

Quando liguei o computador, uma hora depois, fiquei surpresa ao ver um e-mail da pessoa cujo turno vinha depois do meu.

Espero que esteja bem! Só queria dizer que, quando cheguei, vi o que você escreveu sobre um paciente: que ficou bastante tempo com ele, cantarolando. Achei que você devia saber que assim que vi o bilhete fui ver o homem, mas ele tinha morrido pouco antes de eu chegar. O que significa que você esteve com ele pouco antes da morte e foi a última pessoa que lhe fez companhia. Tenho certeza de que sua presença o ajudou muito, e talvez você até o tenha ajudado a partir.

Bom, pensei em te escrever porque, às vezes, não fica muito claro o que aconteceu com um paciente quando voltamos na semana seguinte e ele não está lá, e me pareceu que você conseguiu estabelecer algum tipo de ligação com ele.

Eu me recostei na cadeira, tomada pela emoção. Minha ligação com o sr. R tinha sido curta, mas a duração do nosso encontro não importava. Parecia haver um lugar além do tempo, onde nos encontramos e oferecemos algo um para o outro. O sr. R tinha me dado um gigantesco presente ao iluminar nossa interconexão, e tudo o que eu queria fazer era agradecer por ter permitido que eu me juntasse a ele por um momento. Abri a janela, virei o rosto para a brisa fresca e respirei o nome dele.

DUAS TARTARUGAS

Em um mês de março, Dave e eu fizemos uma viagem rápida à Flórida. Fazia anos que não saíamos de férias só nós dois. No primeiro dia, caminhamos de mãos dadas em uma praia isolada de um parque estadual em uma ilha no Golfo do México, como nos velhos tempos.

— Não seria incrível se víssemos uma tartaruga marinha se arrastando até a água? — perguntei, com a estranha certeza de que veríamos.

— Ah, seria muito legal — Dave respondeu. Então acrescentou, sensato: — Mas é bem improvável.

Quando chegamos à ponta da ilha, onde as ondas suaves do golfo encontravam as águas plácidas do braço de mar, notei uma figura grande e escura à beira da água. Mal dava para ver, mas eram o casco marrom-amarelado e as quatro nadadeiras de uma tartaruga marinha. Chegamos a uns cinco metros dela e paramos, para observar a enorme criatura em silêncio.

— É incrível — Dave sussurrou, enquanto a tartaruga parecia nos avaliar, com seus olhos sábios. Tinha um ar nobre, como mestre Oogway, a velha e sábia tartaruga do filme preferido da nossa família, *Kung Fu Panda*. Às vezes, para aliviar o clima na casa, um de nós pronunciava em tom dramático pérolas de Oogway, como: "O ontem é história, o amanhã é um mistério, mas o hoje é uma dádiva. É por isso que chamamos de presente".

— Acho que está morrendo — eu disse a Dave, considerando estranho que a tartaruga não fizesse nenhum esforço para nos dar as costas e retornar às águas azul-esverdeadas. Nós nos sentamos na areia, como se em uma vigília por aquele grande ser marinho.

Depois de uns vinte minutos, chegou um guarda-florestal.

duas tartarugas

— Isso é muito incomum — ele disse. — Não se veem tartarugas marinhas na praia durante o dia.

— Ela morreu — eu disse, triste, notando a mudança nos olhos do animal.

— É verdade — ele confirmou, tocando a tartaruga com o bico da bota. — São essas malditas lanchas — ele disse, apontando para uma ferida grande no pescoço grosso da tartaruga, onde o casco de um barco devia tê-la atingido brutalmente. — Isso e todo o plástico que elas ingerem.

Olhei para a tartaruga e voltei a pensar no mestre Oogway. Em uma das mais lindas representações cinematográficas de uma morte consciente, a tartaruga anciã se dissolve em uma lufada de flores de pessegueiro, que flutuam para se juntar à energia do cosmos. Dave, os meninos e eu sempre chorávamos nessa parte, no ninho de cobertores e travesseiros que montávamos no chão da sala, sofrendo com a perda da tartaruga da animação.

O tempo todo, perdemos coisas que não são pessoas. Empregos, objetos preciosos, animais de estimação. A morte na natureza também tem um grande peso. Uma fonte de água que seca. Uma floresta que é perdida para o fogo. Uma espécie que é extinta. Grande parte disso ocorre por nossa culpa. Cada vez mais, a destruição não é um acontecimento remoto a respeito do qual lemos com distanciamento, achando que nunca vai acontecer conosco. Aprendi isso em primeira mão, com o furacão Sandy.

Na noite antes que a supertempestade chegasse, eu me encontrava à beira do East River, sob a lua cheia, no Lower East Side de Manhattan. A maré estava tão alta que já batia na beirada da esplanada. Não havia nenhum outro lugar por onde a água que se antecipava pudesse passar senão o parque, a rodovia e nosso bairro. Dave estava do outro lado do rio, no Brooklyn, para garantir que tudo ficaria bem com o escritório. Algumas horas depois ficaríamos separados dele, com as pontes fechadas por causa do vento forte e o maior sistema de transporte do país paralisado. À noite, nossa região se viu em meio ao caos de um desastre natural sem precedentes.

Durante o blecaute da semana seguinte, os meninos e eu carregávamos escada acima a água distribuída pelos caminhões da Guarda Nacional, para ajudar os idosos e as pessoas que não tinham como sair de casa que moravam na vizinhança. Descobri que havia um mundo de diferença entre a resposta a um homem que batia na porta de um apartamento na escuridão dizendo "Vim conferir como vocês estão" e a mim cantarolando "Oi! Sou sua vizinha! Trouxe água!". À minha voz gentil geralmente se seguia o som do trinco e das fechaduras sendo abertos no apartamento.

Tivemos sorte, considerando as mortes e a perda de bilhões de dólares com os danos a propriedades em nossa região. Em Nova Jersey, meu irmão quase foi esmagado por um carvalho gigantesco que caiu sobre o telhado da casa onde ele mora com a esposa e os filhos e que já foi dos meus avós, bem onde, segundos antes, ele estivera sentado, tentando tranquilizar alguém da vizinhança. Meu irmão e a família passaram a noite no chão sujo do porão de uma casa vizinha, ouvindo, aterrorizados, o vento de forte intensidade atingir as árvores em volta, fazendo-as cair como dominós. Na manhã seguinte, eles pegaram o que puderam e foram ficar com meus pais. O dano estrutural à casa levou um ano para ser reparado. Algumas noites, depois de um longo dia de trabalho manual, meu irmão voltava para a casa dos meus pais coberto de lã de ovelha — o isolamento natural que meus avós haviam usado no sótão para manter a casa aquecida.

Dave e eu com frequência nos perguntávamos o que podíamos fazer diante da destruição em larga escala. Dizíamos aos meninos que nossas ações individuais importavam para o meio ambiente — fazer compostagem, reciclar, pendurar as roupas no varal em vez de usar a secadora. Embora não fossem o bastante, tais ações pareciam apropriadas para a idade deles, e pelo menos aquilo era melhor que ficar de braços cruzados ou fechar os olhos.

Anos depois, as lembranças do Sandy e a sensação de que os eventos catastróficos só aumentariam com o tempo me levaram a me certificar em capelania pós-desastre. Tive muitos anos de perdas e de vida entre os dois momentos da minha vida, mas foram as palavras do antigo sábio judeu Rabbi Tarfon, a quem

duas tartarugas

Dave gostava de citar, que me colocaram em ação: *Não é responsabilidade sua concluir o trabalho de aperfeiçoar o mundo, mas você tampouco é livre para se abster disso.*

Em nosso último dia na Flórida, durante nossa curta folga em março, fiz uma caminhada por uma praia à beira do Atlântico, do outro lado em relação ao golfo. Tinha acordado cedo e queria ver o sol nascer. Um senhor de cabelo grisalho comprido vindo no sentido oposto me abordou.

— Olhe ali — ele disse, apontando para as dunas às suas costas. — Por algum motivo, acho que vai gostar.

Ali estava, outra tartaruga. Aquela era uma tartaruga-gigante, maior que qualquer outra que eu já tivesse visto. Havia saído do mar, deixando rastros tão largos quanto os de um quadriciclo em seu caminho para a segurança da terra. Botava ovos do tamanho de bolas de pingue-pongue. Bem mais de cem, como o guarda-florestal que se aproximou me disse depois.

— Engraçado — ele comentou. — Em geral, as tartarugas põem ovos à noite, entre as dez e as duas, para evitar o sol quente. Vamos colocar uma gaiola em volta dos ovos, para protegê-los de predadores.

Assenti e agradeci.

Preste atenção, veja com olhos renovados, minha voz interna pediu. *O ciclo da vida e da morte está em absolutamente toda parte.*

A cada experiência, eu aprendia mais. Que tudo morre. Que espécies em risco vão desaparecer para sempre. Que nosso bairro um dia pode ficar submerso.

Mas a história da morte também pode ser a história do presente. Seja uma presença não ansiosa para o que quer que esteja diante de você, um capelão experiente diria, após um desastre. Diante das coisas mais difíceis que precisamos enfrentar, seja como uma rocha em um rio que corre na montanha. Ouça. Não tenha pressa. O próximo movimento emergirá da imobilidade. É assim que avançamos, passo a passo, infundindo luz na escuridão.

Morte: a essência da vida ✿ Barbara Becker

Últimos momentos da tartaruga no Parque Estadual da Ilha de Caladesi, Flórida

SR. K, QUARTO 718

Talvez nem seja preciso dizer que nem sempre as coisas terminam bem na unidade de cuidados paliativos. Quanto mais tempo eu passava com pessoas morrendo, mais sabia que minhas interações com elas nem sempre eram positivas, às vezes nem um pouco.

O dia em que fui mandada embora por um paciente foi um dos mais memoráveis que tive no voluntariado. Todo mundo que já fez esse tipo de trabalho por algum tempo sabe que algum tipo de rejeição radical é inevitável, e é quase como um rito de passagem. Nós nos preparamos para o imprevisível, mas eu estava torcendo para que nunca acontecesse comigo.

Uma manhã, ouvi um paciente novo, o sr. K, gemendo e gritando mais adiante no corredor, por isso pensei em entrar em seu quarto e tentar falar com ele. Era um homem muito alto, com mais de um metro e oitenta e cinco de altura. Inúmeras sessões de quimioterapia não o tinham encolhido. Ele estava deitado de costas, e fez sinal para que eu me aproximasse.

Quando obedeci notei um tumor enorme na lateral de sua mandíbula. Sempre que eu deparava com um paciente cuja doença era visível externamente, fazia questão de olhar nos olhos da pessoa e sorrir, como com qualquer outro. Notei que a testa do sr. K era muito lisa, e fiquei pensando em sua mãe enxugando-a com cuidado quando ele era pequeno. Estava pronta para amá-lo.

O sr. K olhou para o telefone fixo na mesa de cabeceira.

— Quero falar com minha esposa, mas não consigo mover um único músculo desta porcaria de corpo — ele resmungou.

Peguei o telefone, mas não deu linha. Eu me abaixei e confirmei que estava ligado. Continuava não funcionando.

Determinada a ajudar, eu disse ao sr. K que voltaria em alguns minutos. Peguei o telefone de um quarto vazio, limpei com álcool e levei-o ao quarto dele. O sr. K ficou olhando para mim enquanto eu discava o número anotado em um bloquinho na mesa de cabeceira.

Uma mulher atendeu.

— Sra. K? — perguntei.

— Sim? — ela respondeu.

Expliquei que era voluntária no hospital e disse que o sr. K queria falar com ela.

— Está bem — a mulher disse, com tanta resignação que quase dava para ver seus olhos se fechando de cansaço.

Posicionei o fone em uma orelha da cabeça careca do sr. K. Ele gritou o nome dela, como se fosse uma criança pequena.

— Como você está, S? — o sr. K perguntou, com a voz trêmula.

Não ouvi a resposta, mas a mulher parecia querer encerrar logo a conversa. Depois de um minuto, eles se despediram. O sr. K olhou pela janela e suspirou. Eu estava feliz de ter conseguido encontrar uma solução simples para aquele desafio.

De repente, ele fixou os olhos em mim.

— A pulseirinha está impedindo minha circulação sanguínea. Você tem que cortar agora — ele mandou.

Olhei para o braço do sr. K e vi a identificação do hospital, com nome, data de nascimento e número de identidade. Na verdade, eram duas pulseirinhas emendadas, de tão grosso que era o pulso dele.

— As enfermeiras precisam dessa identificação para ter certeza de que estão dando a medicação correta ao senhor, por isso não posso cortar...

Não tive tempo de dizer que podia pedir que colocassem no outro pulso, porque ele berrou:

— Você é *inútil*! Inútil e *patética*! Cai fora do meu quarto!

Uma veia pareceu saltar em seu pescoço. Tive a impressão de que, se conseguisse se mover, em questão de segundos ele estaria me estrangulando.

sr. k, quarto 718

Fiquei ali, pasma com a força de sua fúria. Diferentemente de seu corpo, parecia cheia de vida. Meu coração batia acelerado, e uma faísca de vergonha se acendeu dentro de mim.

Eu me lembrei de quando minha supervisora me contou sobre a primeira vez que foi mandada embora do quarto de um paciente. Ela havia ficado paralisada, como um cervo diante dos faróis de um carro, enquanto a pessoa gritava:

— Que parte de "vai embora" você é idiota demais para compreender?

A supervisora me contou que os pacientes não podiam mandar médicos e enfermeiros embora com a mesma facilidade, por isso os voluntários muitas vezes eram a única coisa que ainda podiam controlar na vida.

— Desculpe, sr. K — eu disse, abalada. — Que coisa ridícula, não conseguir ajudar o senhor com isso. Vou chamar alguém que possa fazer alguma coisa.

Fui embora. Saí do quarto tentando não levar aquilo para o lado pessoal. Pensei em como devia ser difícil não conseguir nem ligar para um ente querido. No constrangimento de ter que dividir um momento tão íntimo com um desconhecido, e no fato de que seu companheiro não estava disponível quando você mais precisava. Pensei em como devia ser difícil estar no hospital, um lugar onde se deveria melhorar, sem que ninguém fosse capaz de fazer nada quanto à sua paralisia e à sua dor. Pensei em como devia ser saber que o tempo que lhe restava podia ser medido em semanas, se não dias.

Meu trabalho era me manter presente e não julgar aquele homem, cuja identidade estava literalmente cortando sua circulação. Eu sabia que aquilo não tinha nada a ver comigo ou com aquilo em que eu acreditava. Nunca tinha. Como o teólogo e escritor Thomas Merton disse: "Nosso trabalho é amar aos outros sem parar para perguntar se eles são ou não dignos disso".

Ao ouvir a comoção, alguém da enfermagem veio perguntar se eu estava bem.

— Estou — eu disse. — Mas, por favor, dê uma olhada na identificação dele quando puder. Talvez precise de algum ajuste.

Uma semana depois, fui visitar o sr. K, não porque achasse que poderia mudar as coisas, mas para lhe dar espaço para se comportar como precisasse — com raiva ou tristeza, medo ou amargura. Eu disse a mim mesma que não ia tentar fazê-lo me aceitar, ou tentar fazer as pazes com ele. Ia encontrá-lo onde quer que estivesse, tal qual ele era, de ser humano para ser humano. Se ele pedisse outra vez que eu fosse embora, eu obedeceria. Só que, quando entrei, vi que a cama estava arrumada e que o sr. K não estava mais lá.

Às vezes eu ainda o visito, nos meus sonhos. *Onde dói?*, pergunto a ele. Em silêncio, ele leva uma mãozorra ao coração. *Sinto muito*, eu digo, e o meu coração dói junto com o dele. *É mais fácil agora?*, eu pergunto. Quero muito ouvir o que ele tem a dizer, mas o sr. K. sempre desaparece antes de responder. A história talvez nunca tenha fim.

URSO GENEROSO

— Você acha que um lugar pode carregar dor? — perguntei a um amigo em um café do bairro, que ficava a dois quarteirões de onde um jovem havia levado um tiro quando estava na calçada na semana anterior.

Ele devolveu a caneca à mesa e avaliou meu rosto.

— Claro que pode — respondeu, de supetão. Seu cabelo comprido e grisalho estava preso em um rabo de cavalo. Ele também usava um chapéu de aba larga com uma faixa de contas coloridas.

Ele é conhecido como Urso Generoso, e é uma das pessoas em quem mais confio para levar minhas reflexões a sério. Descendente da Nação Muscógui, cujo povo costumava habitar a maior parte do sudeste dos Estados Unidos, muitos o consideram um sábio ancião. Em um lugar como a cidade de Nova York, onde a razão e as provas empíricas governam, sempre se pode confiar em Urso Generoso para ver as coisas de um modo diferente.

— Os lugares têm memória. Está pensando em algum em particular?

— Sabe onde um homem foi baleado em plena luz do dia na semana passada? — perguntei. Urso Generoso disse que tinha ouvido os tiros de seu apartamento. — O suspeito foi pego no parque Corlears Hook, logo na esquina. Tem algo de errado com aquele lugar.

— É por isso que não vou lá — ele respondeu.

Conheci Urso Generoso quando ele estava dando uma oficina sobre espiritualidade indígena. Quando descobrimos que éramos vizinhos, ele me convidou a participar das cerimônias que realizava de tempos em tempos em seu apartamento, que ficava a um quarteirão de distância do meu. Sua casa é como um local sagrado no Lower East Side. Penas — símbolos de proteção e de uma perspectiva mais ampla das coisas — adornam os quatro cantos da sala. Objetos cerimoniais originais de grupos nativos que acabaram adotando o cristianismo por uma questão de aceitação e sobrevivência, distanciando-se dos rituais do passado, são meticulosamente guardados ali, até que alguém apareça e reivindique a tradição de seus ancestrais.

Eu poderia ouvir Urso Generoso falando por horas sobre aqueles objetos e sua crença na rede interdependente de toda a existência que pode ser encontrada vivendo em harmonia com o mundo natural. O fato de que moramos na cidade não parece incomodá-lo nem um pouco. Ele vê a terra nas pedras de que são feitos os edifícios, a água nas caixas onipresentes acima deles, o vento na brisa forte que percorre as avenidas e o fogo na eletricidade que ilumina os lares. Para Urso Generoso, tudo o que envolve a Mãe Terra é sagrado.

— Fiz uma pesquisa — prossegui.

Aquilo me vinha naturalmente. Eu sempre me surpreendia com minha semelhança com meu pai, no sentido de que precisava me situar, compreender o lugar onde eu vivia. Caminhando com ele, eu aprendia sobre geologia e as formações naturais do terreno, quais pedras tinham sido esculpidas por geleiras, quais tinham despontado em um antigo mar. O mesmo se aplicava a mim no que se referia a História. Eu parecia incapaz de passear pelo bairro sem pensar em quem vivera ali antes. Sabia a localização exata da loja de doces do avô de Dave, muito embora um edifício residencial moderno tivesse ocupado seu lugar. Sabia que a sinagoga em frente ao nosso apartamento tinha sido um ponto de parada na rota de fuga dos escravizados. Pensava em Manhattan, nome derivado da palavra lenape que significava "terra de muitas colinas", coberta de arbustos de mirtilo e campos de morango. Toda manhã, enquanto atravessava o parque Corlears Hook rumo ao East River, pensava em como o passeio de concreto tinha sido um pântano raso, valorizado por seus primeiros habitantes como um lugar onde era fácil parar a canoa.

Contei a Urso Generoso como, durante minha pesquisa, eu descobrira um fato pouco conhecido da história do bairro: em 1643, tinha ocorrido em Corlears Hook um massacre brutal de povos nativos que estavam acampados ali.

urso generoso

Urso Generoso só assentia. Ele tomou um gole de café e devolveu a caneca à mesa, para me dedicar toda a sua atenção. Contei a ele os detalhes que havia descoberto.

Em uma noite de inverno, soldados holandeses tinham realizado ataques simultâneos a acampamentos nativos em Corlears Hook e Pavonia, que ficava a oito quilômetros de distância. Mais de 120 pessoas foram assassinadas, entre homens, mulheres e crianças.[15]

O terrível relato de um colono holandês sobreviveu ao tempo. No meio da noite, crianças foram arrancadas do seio das mães e desmembradas. Seus restos mortais foram jogados no fogo ou no rio. Os pais e as mães tentaram salvá-las, mas foram afogados. Os que sobreviveram tiveram mãos e pernas cortadas. Alguns saíram de seus esconderijos carregando as entranhas nos braços e implorando por ajuda, e também foram assassinados.

Depois do banho de sangue, as coisas só pioraram. Grupos indígenas locais realizaram ataques violentos para se vingar. Corlears Hook acabou se tornando um estaleiro, o que atraiu gangues e bordéis. (Uma teoria sugere que a gíria em inglês *hooker* era usada por marinheiros para se referir às prostitutas de Corlears Hook.)[16] Em 1832, a área abrigou um famoso hospital improvisado para atender a epidemia de cólera, quando 93 pessoas morreram em dois meses.[17] Depois, o terreno serviu para a construção dos primeiros edifícios residenciais para imigrantes recém-chegados. Hoje, é um parque rodeado de habitações populares vulneráveis a inundações durante tempestades, como no caso do furacão Sandy, por estar no nível da água. No todo, o local envolvia uma série de acontecimentos que faziam a morte da semana anterior parecer quase anunciada.

— Não tem nem uma placa marcando o lugar — concluí.

Urso Generoso se recostou na cadeira e ficou em silêncio. Depois de um tempo, ele falou:

— Se um lugar carrega dor? Sim. Do mesmo modo que um trauma pode reaparecer no nosso corpo anos depois. Também é por isso que construímos memoriais em Auschwitz, Ruanda, Camboja. Que torres paralelas de luz são projetadas no céu todo ano, no aniversário do Onze de Setembro. É importante reconhecer da maneira apropriada as pessoas que sofreram nesses lugares. — Ele olhou para o teto, e depois para mim. — Bem, agora que sabemos toda essa história, vamos realizar uma pequena cerimônia lá.

Eu não fiquei nem um pouco surpresa com a sugestão dele. No verão anterior, Urso Generoso tinha me encorajado a me juntar a uma delegação de praticantes zen que haviam ido a Dakota do Sul para encontrar anciãos lacotas.

— Você tem que ir — Urso Generoso havia dito. — O único passaporte de que precisa é um coração sincero e uma mente aberta.

Aproveitei a oportunidade na mesma hora.

Por uma semana viajei por *Paha Sapa*, ou Black Hills, com o grupo de anfitriões lacotas. Toda manhã, visitávamos locais considerados sagrados ou historicamente importantes para a comunidade. Depois nos reuníamos em círculo sob a sombra de um grande choupo.

Eu nunca tinha visto um choupo, e fiquei encantada com a maneira como os tufos brancos, que lembravam algodão, esvoaçavam com a brisa, fazendo parecer que estava nevando em pleno verão. Uma mulher me mostrou como, quando se cortava um galho da árvore, encontrava-se uma estrela de cinco pontas. Eu mal podia acreditar. Bem ali, no meio do galho, havia uma estrelinha perfeita.

— É a estrela da manhã — ela disse. — Uma fonte de cura sagrada.

A viagem tinha sido descrita como um retiro para "testemunhar". O que significava que nosso trabalho como visitantes era ouvir com cada fibra de nosso ser as histórias que nossos anfitriões nos contavam, sem julgar ou esperar que algo acontecesse como resultado.

Os anciãos nos contaram sobre seu modo de vida, suas crenças e sobre como realmente era viver na reserva. Sua generosidade em dividir suas histórias, do passado e do presente, me impressionou. Quando os *wasi'chu*, termo muitas vezes utilizado para se referir aos descendentes de europeus, encontraram ouro em Black

urso generoso

Hills, quebraram os acordos estabelecidos com as nações da porção norte das Grandes Planícies, com o intuito de assumir o controle da terra. Assassinaram chefes lendários a sangue-frio e forçaram seus povos a se recolher em reservas desoladas. Separaram crianças nativas dos pais para reeducá-las em colégios internos distantes. Poluíram a terra e as águas quando encontraram urânio e outros recursos e passaram a extraí-los. Nossos anfitriões também falaram do impacto daquela história no presente e dos amigos e familiares que haviam perdido para o vício e o suicídio.

Eu não sabia como "testemunhar" aquilo ajudaria em alguma coisa.

No último dia, fomos convidados a assistir a uma cerimônia privada dos descendentes do Massacre de Wounded Knee. Em 29 de dezembro de 1890, a Cavalaria americana cercou e atacou um acampamento lacota, matando mais de 250 pessoas desarmadas, entre homens, mulheres e crianças. Nós nos reunimos no cemitério onde se localizava a cova coletiva deles, no topo de uma colina na Reserva de Pine Ridge.

Eu esperava um monumento nacional, mas, enquanto entrávamos pela humilde arcada com uma pequena cruz em cima, compreendi que quem cuidava daquele lugar eram os descendentes das vítimas. Havia tiras de tecido em vermelho, azul, amarelo e branco penduradas na cerca de alambrado, o que dava uma dignidade tranquila à paisagem assolada pelo vento.

Os descendentes fizeram suas preces em lacota e em inglês. Ouvi o nome de Pássaro Perdido, uma criança sobrevivente cuja história eu havia lido. Quatro dias depois do massacre, ela foi descoberta viva sob o corpo congelado da mãe e adotada como uma raridade por um soldado branco. "Adotada", na verdade, queria dizer "roubada", eu pensara enquanto ficava sabendo das dificuldades que ela enfrentara em uma cultura que desdenhava da dela.[18] Foi só mais recentemente que seus restos mortais foram devolvidos ao cemitério de Wounded Knee.

Alguém me entregou um punhado de tabaco seco, uma planta sagrada para os povos originários do continente, que eu devia colocar na grama que cobria a cova. Eu me postei no caminho estreito de concreto e me inclinei para deixar minha oferenda, tomando cuidado para não pisar no solo sagrado.

Morte: a essência da vida 🙵 Barbara Becker

Um homem se aproximou pelo caminho e de maneira cerimoniosa me passou uma garrafa de plástico contendo sumo de cereja-da-virgínia, para derramar sobre a cova como oferenda aos ancestrais. Ele olhou diretamente para mim, depois baixou os olhos para a terra e disse:

— *Wóphila*. Obrigado por ter vindo.

Inclinei a garrafa e observei o líquido vermelho como sangue ser absorvido pela terra seca, depois a passei para o próximo. Quando a cerimônia chegou ao fim, demonstramos nosso respeito, passando pelos descendentes e seus familiares e apertando a mão de todos. Eu me esforcei ao máximo para manter a compostura, para não parecer fraca diante daquelas pessoas tão controladas.

Depois, os descendentes nos convidaram para almoçar no salão da igreja que havia na reserva. Eu me sentei a uma mesa comprida com uma tigela de um ensopado tradicional e pão frito, junto com três gerações de uma família. Duas meninas tentaram me ensinar a contar de um a dez em lacota, e se mataram de rir com minha pronúncia. Eu ri também.

Algo realmente acontece quando testemunhamos a vida dos outros. A princípio pode não ficar claro, mas, com o tempo, algo se altera. Eu não via mais apenas angústia e trevas, porque o prazer e a luz também estavam presentes. Era como assistir às chuvas de granizo repentinas em Black Hills, sempre sucedidas por um céu impossivelmente azul. Era como estar, ao mesmo tempo, consciente tanto do adolescente que dormia em um beco em Rapid City quanto da jovem que abençoara o choupo para que fosse usado como mastro da tradicional Dança do Sol. Era como notar uma picape enlameada soltando fumaça sobre um grupo de jovens a cavalo que refaziam as viagens de longa distância de seus ancestrais, séculos antes.

Com toda essa contradição, vem uma compreensão muito mais ampla, baseada não apenas em uma pena irrefletida ou em uma versão romantizada da vida nativo-americana. Os líderes zen e lacota me ensinavam que era daquela posição mais equilibrada que a ação significativa podia vir.

Evocando o passado de tal maneira, tínhamos aberto caminho coletivamente para outro tipo de futuro. Se aquilo podia acontecer em uma colina

urso generoso

na Dakota do Sul, onde o tataraneto do comandante da Cavalaria americana um dia ia se desculpar formalmente com os descendentes lacotas de Wounded Knee,[19] talvez algo digno também pudesse acontecer em um parque à beira do rio no Lower East Side de Manhattan.

Caminhando ao lado de Urso Generoso até Corlears Hook, fui lembrada de como aquele homem conhecia o sofrimento intimamente. Ele se apoiava bastante na bengala e tinha os ombros levemente curvados para a frente. Seu corpo havia suportado muita coisa ao longo dos anos, desde uma grave insuficiência renal que quase o matara antes que um doador aparecesse até duas cirurgias no cérebro. Em duas semanas, Urso Generoso passaria por uma cirurgia por causa de um câncer de próstata. Poucos dias antes, tinham dado menos de seis meses de vida para o irmão dele. Urso Generoso recebia tudo aquilo com naturalidade, lembrando-me de que o búfalo não corre da nevasca: só abaixa a cabeça, segue adiante e enfrenta o que vier a seu encontro.

Urso Generoso havia convidado uma mulher chamada Terra, que vivia parte do ano com comunidades indígenas do Equador e do Peru. Ela sabia uma ou outra coisa sobre cura, ele disse.

Quando chegamos a Corlears Hook, Urso Generoso tirou o chapéu e olhou em volta. Era o fim da manhã de um dia de semana, e o parque estava vazio.

— Todos os pelos do meu braço estão arrepiados — Terra disse, mostrando-me que aquilo de fato acontecia, apesar de ser um dia quente.

Urso Generoso se sentou em um banco com vista para o rio e começou a tirar da mala itens para seu ritual. Sálvia para queimar e purificar a área. Um apito feito de osso. Uma lâmina de pedra.

Ele me passou várias folhas largas de tabaco seco. Estavam amareladas, e eu inalei o aroma terroso e doce.

— Quebre em pedacinhos e espalhe perto das árvores — ele me disse. — Ofereça algumas palavras, de coração.

Desci em direção a um aglomerado de árvores à beira do rio. Eu queria oferecer uma prece significativa, mas não encontrei palavras. Então, comecei a cantarolar uma melodia que surgiu dentro de mim.

Abri caminho por entre as árvores, pensando não apenas nas vítimas do massacre que havia acontecido ali, mas também em todos aqueles que tinham morrido de cólera no hospital próximo e todos aqueles cuja vida havia terminado em violência, no passado e no presente. Ainda conseguia ouvir Urso Generoso rezando em muscógui a distância, e de vez em quando fazendo o apito agudo de osso soar para chamar o Grande Espírito. Terra tocava um hino tradicional que Urso Generoso havia lhe ensinado na flauta de madeira.

Pensei em minha amiga Jen, que presta serviço como capelã em uma instituição para pessoas que já viveram nas ruas, muitas das quais têm histórico de doença mental e abuso de substâncias. É ela quem conduz a cerimônia fúnebre quando uma dessas pessoas morre. Mesmo quando ninguém aparece, Jen realiza o serviço, proferindo as preces para as cadeiras vazias. Aquilo a transforma tanto quanto homenageia o falecido, conforme me disse. Tive a mesma sensação em relação à nossa cerimônia à beira do rio.

Urso Generoso, Nova York
(Fotografia de Jennifer Silacci)

urso generoso

Três jovens de terno passaram por nós a caminho do Distrito Financeiro. Só posso imaginar o que pensaram do nosso ritual. Para mim, não importava como a cerimônia funcionava, ou mesmo *se* funcionava de uma maneira que pudesse ser mensurada. Tudo o que eu sabia era que o ato de testemunhar também ali, no meu quintal, parecia um primeiro passo importante.

Enquanto eu voltava para me juntar a Urso Generoso e Terra, senti o sol no rosto e olhei para o céu aberto de primavera. Um bútio-de-cauda-vermelha que havia feito seu ninho por ali traçava círculos lá em cima, oferecendo uma visão mais ampla.

MEU PAI

Na época em que me casei com Dave, meu pai foi diagnosticado com câncer de próstata. Os médicos detectaram a doença cedo e lidaram com ela rapidamente. A expectativa era de que ele morreria de outra coisa muito antes que o câncer de próstata reaparecesse e voltasse a ser um problema.

Com oitenta e muitos anos, seu PSA foi medido em um exame de rotina. Seus níveis tinham voltado a aumentar. Além disso, meu pai vinha sentindo uma dor forte nas costas. Minha mãe me ligou, parecendo chateada, o que não era comum para ela.

— Não posso falar muito alto, para não acordar seu pai — sussurrou ao telefone. — Ele não está muito bem. Grita de dor a noite toda. Na semana que vem, o médico vai fazer um exame para ver se o câncer passou para os ossos.

Eu me ofereci para acompanhar meu pai na consulta.

Às seis e meia da manhã, eu estava no hospital onde ele tinha trabalhado a maior parte da vida, preenchendo a papelada necessária para os exames que se estenderiam por uma boa parte do dia. Alguém da equipe técnica, bastante jovem, injetou uma pequena quantidade de marcadores radioativos no braço esquerdo do meu pai e nos disse para esperar enquanto a solução percorria o caminho até sua espinha dorsal, de modo que pudessem ter uma imagem confiável do que estava acontecendo. Tínhamos que voltar em três horas para a cintilografia óssea.

Meu pai deu uma olhada na sala de espera lotada, parecendo desgostoso.

— Vem comigo — ele disse, e saiu com a bengala na direção do elevador.

Pessoas com Alzheimer muitas vezes se lembram de detalhes precisos guardados na memória de longo prazo, como no caso dos meus pais e dos corre-

meu pai

dores daquele hospital. Ele me conduziu até o saguão e depois por um corredor envidraçado que levava a uma ala mais antiga do prédio.

Meu pai parou diante de uma porta de aparência oficiosa, com um teclado com números sobre a maçaneta. Eu não sabia o que havia lá dentro, nem se meu pai ia lembrar a senha, contando que ela não tivesse mudado em todos aqueles anos. Um minuto se passou, e alguém usando jaleco branco abriu a porta do lado de dentro. Meu pai a segurou para que a pessoa saísse, então me abriu um sorriso largo e disse, como se fosse o dono do lugar:

— Vem.

A porta dava para o espaço de descanso da equipe médica. A um canto ficava a cozinha, onde havia café, chá, pães e doces. Sofás e poltronas confortáveis rodeavam uma mesa com revistas atuais. Escaninhos para cada membro da equipe forravam a parede próxima a alguns computadores, onde médicos vestindo o azul da equipe cirúrgica verificavam os e-mails.

Meu pai foi direto para o café.

— Acho que não podemos ficar aqui — sussurrei, nervosa, olhando em volta.

— Claro que podemos! — ele disse, pegando um folhado de cereja com uma pinça de plástico. — O que você quer?

Revirei os olhos, como se fosse uma adolescente de novo, e levei o café quente dele até o sofá. Parecendo muito satisfeito, meu pai se acomodou, pegou uma *National Geographic* e ficou vendo as fotos. Como não queria discutir, peguei meu *laptop* e o conectei à tomada atrás da poltrona do meu pai. Os médicos nos computadores olhavam para nós. Pareciam estar nos julgando, o que me deixou constrangida.

— Pai, este lugar continua igualzinho a quando você trabalhou aqui? — perguntei, alto, torcendo para que me ouvissem e achassem que não havia problema em estarmos ali.

— Hum-hum — ele murmurou, por cima da caneca fumegante.

Comecei a escrever um e-mail para minha amiga Wendy, encarregada do atendimento psicológico dos alunos e da equipe de uma faculdade.

Expliquei a ela onde estávamos e disse que eu achava que devíamos ir embora.

Enviei o e-mail e fiquei esperando pela resposta, sempre de olho no relógio na parede da porta. Faltavam duas horas e meia.

Wendy respondeu pouco depois. "Fique onde está", ela escreveu. "Seu pai sabe exatamente qual é o lugar dele. Talvez isso ensine uma coisinha ou outra aos médicos mais jovens, sobre como a vida acontece com todo mundo, sobre como o vigor é necessário para a intensidade da medicina, mas deve estar sempre acompanhado de humanidade."

Olhei por cima da tela do *laptop*. Meu pai estava pegando no sono. Tirei o café pela metade de suas mãos e coloquei na mesa. Minha respiração estava rasa.

"Ando me sentindo meio sem ar", escrevi a Wendy. "Acho que pode ser ansiedade."

Tudo parecia estar de cabeça para baixo. Meu pai tinha se tornado uma criança e eu, a adulta. Eu o estava perdendo antes de perdê-lo de fato.

Wendy respondeu: "Ansiedade faz todo o sentido. A sensação pode ser horrível, e não adianta tentar bloquear ou se distrair. Pelo contrário: o que muitas vezes ajuda é se debruçar sobre cada experiência física, emocional e psicológica por que se passa".

Depois de alguns minutos, durante os quais pensei em Wendy acalmando um aluno estressado, ela voltou a escrever:

Tente pensar em cada sintoma como uma tentativa de comunicar uma mensagem importante. Se você está com dificuldade de respirar fundo, pense em como seu corpo está tentando lembrá-la de respirar com intenção em meio a tudo isso. Se suas pernas ficarem tensas, pense em todas as maneiras como estão preparando você para correr e investigue do que você está correndo, seja de tristeza, medo, ressentimento. É um sistema extremamente sensível, projetado para funcionar como um alarme. Se você não registrar nenhum aspecto do perigo, ele vai gritar cada vez mais alto, até se convencer de que você percebeu. Receba tudo de braços abertos.

Respirei fundo e girei o pescoço algumas vezes, para um lado e para o outro. O grande cirurgião agora dormia profundamente, e a atenção dos jovens médicos tinha voltado aos computadores.

meu pai

Você está em uma das situações mais difíceis da vida, Barbara. Tem a transição, a doença, a perda antecipada. É como nadar no mar em meio a tudo o que mais tememos. Odeio que isso esteja acontecendo com você. Preencha seus dias com conversas sinceras e descanse muito. Conhecendo você, seria bom comer um chocolatinho também.

Ri de leve com a última frase. Saber que eu tinha uma amiga que me compreendia em diferentes níveis me deixou um pouco mais tranquila. Ocorreu-me que não se aprende a ser resiliente quando a vida "dá certo" na maior parte do tempo. Naqueles momentos, em que eu era profundamente testada, havia potencial para crescimento.

Quando as três horas passaram, eu e meu pai voltamos para a sala de espera ainda lotada e nos sentamos nas cadeiras duras de couro sintético. Depois de alguns minutos, chamaram o nome dele. Um técnico o ajudou a atravessar a sala e sugeriu que eu aguardasse ali. Fiquei vendo TV, sem prestar muita atenção.

Em cerca de meia hora, meu pai voltou. Parecia distante, como se tivesse dormido durante o procedimento.

— O médico vai ligar na semana que vem, com os resultados — o técnico disse, dando tapinhas nas costas do meu pai. Olhei para o rosto dele, procurando alguma dica do que tinham encontrado, mas não consegui nada.

De volta ao carro, coloquei meu pai no banco do passageiro e saí do estacionamento, dirigindo pela região onde havia passado a infância. Eu me lembrava do meu pai me dizendo como era ir para casa depois de uma longa cirurgia: "Eu sinto o cheiro de grama recém-cortada e churrasco, ouço as crianças brincando e fico feliz de voltar para casa, para nossa família".

— Não consigo mais ler, sabia? — meu pai finalmente disse, interrompendo meu devaneio. — Mas ainda sou capaz de ler uma imagem da espinha óssea.

— Você acompanhou o procedimento?

Ele confirmou com a cabeça e olhou pela janela.

— Não é nada bom. Tem manchas em toda a minha espinha. Mas não conte à dona da casa, por favor. Ela vai ficar chateada.

Mordi o lábio, para que não tremesse. Eu queria que voltássemos aos papéis originais, queria parar o carro para que ele me abraçasse e me reassegurasse. Finalmente, consegui olhar para ele.

— Tá bom — eu disse. — Isso fica entre nós por enquanto.

Eu sabia que minha mãe saberia da metástase em alguns dias, mas, de alguma forma, guardar o segredo dele parecia ser uma maneira de demonstrar respeito. E eu não sabia quantas vezes ainda teria de fazer aquilo.

Oito meses depois, era minha mãe quem estava no hospital, para colocar um marca-passo. Era um procedimento relativamente simples, na maioria dos casos. Mas a cirurgia de uma hora se estendeu por cinco horas, e no processo ela sofreu um colapso pulmonar parcial. Seriam necessários alguns dias para que se recuperasse.

Fui para minha casa de infância, para ficar com meu pai. Para cozinhar e aplicar o colírio nele três vezes ao dia. Para dar banho nele e ajudá-lo a ir para a cama. Levei comigo o exemplar de *Walden* que meu pai me dera anos antes, achando que gostaria de me ouvir lendo antes de dormir. Ele não quis saber. Então li a versão infantil de *Robin Hood*, que minha mãe guardava para os netos. Fui virando as páginas devagar e mostrando as imagens. Ele pareceu particularmente interessado na versão da Disney do xerife de Nottingham como um trapalhão.

Uma manhã, antes do café, o breve período em que ele ficava mais lúcido, meu pai se virou para mim no sofá e perguntou:

— Quando é meu aniversário?

Ele parecia pequeno, debaixo da manta de crochê vermelha e branca, mas seus olhos estavam alertas e focados nos meus.

— Você vai fazer 88 no verão — eu disse.

Meu pai ergueu as sobrancelhas, como se o número o surpreendesse. Ele fez uma pausa, enquanto formulava a frase a seguir:

— Vou tentar chegar até lá, depois vou embora.

meu pai

Parei de respirar na hora. Pensei em abraçar meu pai, mas me impedi, sabendo que aquilo ia dar fim à conversa sobre a morte que ele parecia aberto a ter no momento. Eu me sentei ao lado dele e me esforcei para manter a compostura.

— Pai, você teve uma vida longa e significativa. Tocou muita gente. Deve se sentir muito bem em relação a isso — eu disse. — E vai saber quando for a hora de partir.

— Mas você acha que é o momento certo? — ele perguntou.

Notei que meu lábio inferior tremulou, e o mordi com cuidado. Como uma filha que ama o pai pode responder a uma pergunta dessas? Eu sabia que tudo o que ele estava pedindo era sinceridade.

— Sim, pai — eu disse, afinal. — Acho que é mais ou menos o momento certo.

Talvez tenham sido as palavras mais difíceis que já pronunciei. Fiquei surpresa por ter conseguido me segurar e senti alívio e tranquilidade por ter dito a verdade.

Meu pai, aos 87 anos, em sua primeira selfie

Mais tarde naquele dia, eu estava tirando as compras do porta-malas do carro quando notei que havia comprado suco comum para o meu pai, e não com baixo teor de sódio. Só então perdi o controle. Eu me recostei no carro e chorei incontrolavelmente porque havia comprado a porcaria do suco errado.

Talvez não estejamos todos destinados a cuidar do corpo enfermo de nossos pais. Talvez nunca nos façam perguntas tão difíceis. Mas acho que todos vivenciamos momentos como o do suco, em que as pequenas coisas se tornam substitutas das mais importantes, permitindo que a dor dê início a seu lento e inexorável processo.

SRA. D, QUARTO 710

Helen, uma prima do pai de Dave, era sempre a pessoa mais animada em qualquer festa, incluindo meu casamento. Da altura de seu um metro e quarenta, usando saltos e um vestido de melindrosa com um colar de pérolas comprido, ela dançou por horas enquanto o resto de nós só olhava, impressionado. Helen atribuía sua pele sem rugas a uma mistura caseira de sementes de morango e creme gelado. Daria para pensar que tinha metade de seus oitenta anos.

Quando criança, Dave passava uma semana todo verão com seu avô Irving, que era viúvo, no Kutsher's, o famoso resort em Catskills que fazia sucesso com a comunidade judaica. Em algumas ocasiões, Helen e o marido se juntavam a eles. Tinha um notável senso de humor, às vezes um pouco sombrio. Um dia, brincou que as crianças da família deviam começar um império de cartões comemorativos e as desafiou a criar versos únicos. O preferido de todos foi um cartão de condolências que ela bolou na hora, dizendo:

Por mais difícil que seja perder alguém que se ama
Pelo menos quando encontrou seu marido ele estava na sua *cama*

Supostamente, algumas crianças se sentaram na calçada e fizeram xixi na calça de tanto rir.

Apesar do cartão de condolências, Helen exalava vida. Embora só a víssemos a cada tantos anos, sempre queríamos ouvir as últimas histórias dela.

Até o dia em que a encontrei onde não esperava nem um pouco.

Eu tinha entrado completamente despreparada no único quarto diante do posto de enfermagem que pertencia a uma "sra. D". A mulher na cama estava sozinha, mas fazia algo de que eu só tinha ouvido falar durante o treinamento: estendia as mãos e conversava com pessoas que só ela via. Tínhamos aprendido que aquilo era mais comum do que seria de pensar. Em um estudo, mais de 80% dos pacientes no fim da vida têm visões ou sonhos atípicos, com frequência envolvendo entes queridos que há muito se foram.[20] A paciente não aparentava estar incomodada com a interação, por mais ininteligível que me parecesse. Era como se estivesse tendo uma conversa muito agradável com seres muito simpáticos em um plano completamente diferente.

    Eu me sentei ao lado da cama da sra. D. O abajur na mesa de cabeceira lançava uma luz quente sobre seu rosto. Seus olhos estavam bem abertos, como se ela visse um lugar muito mais real que aquele onde eu estava. Eu me inclinei para mais perto, notando sua pele sem rugas. Com um sobressalto, percebi que era Helen.

    Meu coração acelerou, e eu me recostei na cadeira enquanto ela continuava falando. Os familiares mais próximos de Dave não tinham ideia de que a saúde dela havia se deteriorado.

    Quantos anos Helen tinha? Fiz uma conta rápida e percebi que devia ser algo em torno de noventa e sete. Pensei a respeito por um momento. O fato de que eu a conhecia fazia seus murmúrios parecerem mais sinistros que momentos antes. Talvez para me distrair, pensei em termos práticos: devia haver alguma regra do hospital quanto a eu estar no quarto de alguém da minha família, com acesso a seu estado clínico, sem conhecimento de seu parente mais próximo.

    Eu me levantei para ir falar com minha supervisora quando, em meio à conversa, Helen disse:

    — Irving.

    Irving, o avô de Dave? Quem mais poderia ser? Eu me perguntei se o trabalho voluntário estava começando a mexer com a minha cabeça. Mas eu tinha ouvido o nome com extrema clareza. Irving.

    Segui para a porta, procurando passar longe do visitante invisível — um homem havia muito falecido, de bigode branco e óculos enormes, cuja foto-

sra. d, quarto 710

grafia estava pendurada no meu apartamento. Me arrepiei ao pensar que não apenas tínhamos a foto dele na parede, mas Irving tinha morado naquele apartamento depois de sair da Delancey Street e deixá-lo para Dave em seu testamento. Nossos filhos eram a quarta geração a morar ali.

 O hospital falou com o filho de Helen, e na manhã seguinte descobri que ele havia autorizado que eu e qualquer outros familiares a visitássemos quando quiséssemos. Ele pediu mil desculpas, porque, entre as visitas diárias à mãe e esvaziar o apartamento de que ela havia acabado de sair, simplesmente não tivera tempo de nos avisar do que havia acontecido. Fiquei feliz pela dinâmica familiar positiva. Já tinha testemunhado algumas vezes longas discussões entre familiares no hospital. Uma vez, vi dois irmãos brigarem quanto à herança enquanto o pai dormia. Fiquei ali, horrorizada, presenciando o que pareciam ser mágoas antigas quanto a quem era o filho preferido e quem se sentia negligenciado, até que pude lhes oferecer uma salinha de conferências mais adiante no corredor, onde poderiam conversar.

 À tarde, voltei para ver Helen com Drew. Ele não tinha aula, por causa do feriado de Ação de Graças, mas não ficara muito animado de ir comigo, principalmente porque Evan ia encontrar os amigos. Prometi que seria uma parada rápida, uma vez que ele já ia cortar o cabelo ali perto mesmo. Se não se sentisse confortável em ver Helen, podia ficar esperando na "sala da família", um espaço com decoração de bom gosto para visitantes, com sofás confortáveis, livros e brinquedos para as crianças.

 — Tá bom — ele disse, animando-se quando eu disse que o lugar tinha biscoitos e leite liberado.

 Eu falara sobre a ideia de cuidados paliativos com os meninos quando estava em treinamento. Dave e eu havíamos contado o essencial: que era para pacientes com menos de seis meses de vida e que o intuito do atendimento era deixá-los mais confortáveis. Contei a eles sobre minha avó, que havia morrido na casa em que eu passara a infância, sob os cuidados dos cuidadores mais doces do mundo.

Aquilo pareceu satisfazer os meninos. A principal preocupação deles em relação ao meu trabalho era que o hospital público para onde tinham me mandado sempre aparecia nas manchetes por abrigar a primeira unidade de isolamento oficial de Nova York para tratar pacientes com o vírus ebola.

— A unidade fica completamente isolada — garanti aos dois, então contei sobre os médicos e enfermeiros bem treinados que usavam roupas protetoras da cabeça aos pés e os policiais que ficavam na entrada daquele andar. — Eu não conseguiria entrar, mesmo que quisesse. O hospital deve ser mais seguro que qualquer outro lugar da cidade — eu disse, torcendo para que fosse verdade.

Depois que Drew se ajeitou na sala da família, peguei o corredor acarpetado que dava no quarto de Helen. De novo, me sentei na cadeira ao lado da cama e fiquei vendo-a dormir. Ela usava brincos de pérola, e seu cabelo branco ondulado estava bem penteado. Peguei sua mão e cantarolei um pouco. Depois de uns quinze minutos, dei um beijo na testa dela e fui buscar Drew.

Eu o encontrei com duas senhoras de casaquinho, que admiravam seu cabelo loiro e enrolado. Poderiam ser gêmeas.

— Espero que não se importe — disse a que usava casaquinho rosa —, mas pedimos uma pizza e demos um pedaço ao rapazinho.

— E um refrigerante — disse a mulher de casaquinho azul-petróleo.

Drew estava adorando a atenção. Dei risada, pensando no programa em que voluntários levavam cachorros treinados para ficar ao lado da cama dos pacientes e acalmá-los. Drew era como o equivalente humano de um animal de estimação bem-comportado.

Ele se despediu de suas novas amigas com um aceno. Na saída, disse:

— Talvez eu queira ver Helen, se não tiver tubos saindo dela nem nada do tipo. Aí seria nojento.

Depois que expliquei que havia apenas um tubo fino e transparente que levava oxigênio aos pulmões dela, entramos juntos no quarto.

— Helen, Drew está aqui, o filho de Dave — anunciei. Ela não abriu os olhos. Drew se aproximou da cama.

— Ela está bonitinha — ele sussurrou. Era verdade.

— Você parece um pouco com ela — eu disse a Drew, bagunçando o cabelo dele.

Drew fez uma careta e arrumou o penteado com os dedos.

Fiquei pensando se as pessoas invisíveis com quem Helen conversava na minha primeira visita continuavam por ali. Alguns meses antes, eu tinha conhecido uma paciente neozelandesa que tinha ascendentes maoris.

— A única coisa que me traz paz — ela dissera, paralisada do peito para baixo — é saber que meus ancestrais estarão aqui para ajudar na transição. Estarão bem aqui, em volta da minha cama.

Quando eu visitava pacientes, suas palavras estavam sempre comigo. Se havia a mais remota possibilidade de que os ancestrais de Dave estivessem ali, por Helen, eu não podia desperdiçar a oportunidade.

— Irving — eu disse baixo, para que Drew não me ouvisse. Eu mesma mal me ouvia. — Se estiver aqui, quero que conheça seu bisneto Drew. Vamos todos cuidar uns dos outros, está bem?

Eu meio que esperava que uma brisa sinistra agitasse as cortinas, mas nada aconteceu. O que, por mim, tudo bem.

Levamos nossos ancestrais adiante. Eles estão em nós e são feitos de nós. Com a convergência de nossa vida — o passado e o presente —, a morte deixa de ser uma fronteira rígida. Sou capaz de ver e de sentir isso, como se fosse uma verdade essencial, mas, às vezes, esquecida.

Quando deixamos a unidade de cuidados paliativos, com meu braço sobre os ombros de Drew, fiquei grata por tê-lo trazido comigo. Seguimos na direção de casa, que também era a casa de Irving.

Helen morreu alguns dias depois, logo após o feriado de Ação de Graças.

FILHOS DA ÁGUA

Há dezenas de tsurus de papel, pequenos e coloridos, pendurados sobre o altar do centro zen de Koshin e Chodo. Como ficam acima das fotos em preto e branco dos mestres da linhagem Zendo que já se foram, eles podem parecer ligeiramente deslocados, como se estivessem em pleno voo.

Mas, para mim e para Dave, fazia todo o sentido, porque, anos antes, tínhamos feito dois origamis para nos lembrarmos das filhas que havíamos perdido, sem nunca reconhecer aquilo totalmente.

Foi ideia de Chodo fazer uma reunião para homenagear a perda de crianças na comunidade, tendo chegado a nascer ou não. No Japão, há um ritual conhecido como *mizuko kuyō*, para homenagear os "filhos da água". Como Chodo explicou, é uma representação da ideia de que a vida flui rumo ao ser como um líquido, desde o momento da concepção, as águas do útero e a flexibilidade da primeira infância, até se tornar mais firme e durável. A perda de um filho da água é homenageada, independentemente do estágio em que tenha ocorrido, incluindo, assim, abortos, natimortos e mortes ainda na infância. Por meio desse ritual os japoneses se despedem deles, abrindo a possibilidade de que possam voltar à existência em outro momento e em outro lugar.

A tradição estava ligada a uma prática que eu havia testemunhado quando morei no Japão, depois da faculdade. Nos jardins que cercavam os templos budistas, muitas vezes reparava em fileiras de estatuazinhas de pedra do bodisatva Jizo, um ser iluminado que parece um bebê sorridente. Jizo, em quem às vezes as pessoas colocam um chapeuzinho e um xale vermelhos de tricô, é o guardião dos filhos da água. As famílias vão aos templos em algumas ocasiões ao longo do ano para lembrar sua perda diante de seu próprio Jizo. Pode ser um momento de alegria, quando o chapéu e o xale deteriorados pelo clima são trocados e se oferecem cata-ventos coloridos, doces e bilhetes dobrados à estátua. A mim, parecia um pouco com o Dia dos Mortos mexicano, quando imagens e objetos significativos para os mortos eram expostos para que todos recordassem e celebrassem a vida que se foi. Eu tinha vinte e poucos anos quando morei no Japão e ainda estava longe de pensar em ter minha própria família, de modo que só considerava aquela uma prática fofa, num estilo meio Hello Kitty.

Em nossa cultura, muitas vezes as coisas que mais precisam ser ditas são as que menos encontram expressão. A morte de um adulto já é difícil o bastante, mas a perda de uma criança — e "o que poderia ter sido" — é um tabu. Não valorizando a necessidade de Dave de falar mais abertamente sobre a perda de nossas filhas, eu o tinha silenciado também.

O *mizuko kuyō* não dizia respeito apenas a crianças que não haviam chegado a nascer, mas à promessa da cura da invisibilidade. Embora nossa perda tivesse se dado mais de uma década antes, assim que vi o convite para me juntar ao ritual, soube que eu e Dave ainda precisávamos daquilo. Seria como eu compensaria o silêncio.

Doze de nós nos sentamos em torno da mesa de cerejeira. A perda de alguns era recente, enquanto a de outros acontecera havia ainda mais tempo que a nossa. A menos que quisesse, ninguém precisava dizer o nome de quem havia perdido ou se justificar de alguma maneira, mencionando o estágio em que a perda ocorrera. Tudo o que precisávamos fazer era dobrar quadradinhos de papel. Dava para ver que a vida passada de Chodo como diretor de arte estava influenciando aquela atividade.

— Vocês podem escrever uma mensagem dentro, se quiserem — ele sugeriu para o grupo. Sem dizer nada, fiquei com Arden, e Dave ficou com Adele. Apesar de todos os anos que tinham se passado, para mim Arden e Adele cresciam com Evan e Drew. Se Evan tinha dezessete anos, Arden tinha dezoito. Se Drew tinha catorze, Adele tinha quinze. Sem encontrar palavras para expressar como ainda estavam vivas dentro de mim, desenhei um coração no lado branco do papel. Me inclinei para olhar o papel de Dave. *Gostaria de ter tido a chance de conhecer você*, ele escrevera. Então me viu olhando e sorriu. Peguei um lenço, voltando a sentir arrependimento por ter pedido que ele bloqueasse suas emoções para que eu não tivesse que encarar as minhas.

Há 22 passos precisos para fazer um *tsuru*, que envolvem dobrar e desdobrar, juntar e separar, virar de lado e de cabeça para baixo. Se ouvíamos alguém fungando enquanto trabalhávamos, passávamos a caixa de lenços adiante, em silêncio. Trabalhávamos sozinhos, mas em comunhão. E eu sabia que a comunhão se estendia para além daquela mesa. Quando falei com minha mãe sobre o que havia acontecido, ela me contou que também perdera um bebê, um menino ou uma menina, o mais novo ou a mais nova dos irmãos. Minha avó materna perdeu uma criança de dois dias. Minha avó paterna sofreu dois ou três abortos espontâneos, ninguém se lembrava direito. Minha bisavó materna morreu no parto, assim como a criança, em uma cidade mineradora na Pensilvânia. Eu me senti conectada a uma história da minha família que nem sabia que existia. E se aquela era só a história da minha família ao longo de quatro gerações, incluindo a minha, quantos incontáveis milhões no mundo não formavam parte do épico nunca escrito da tristeza escondida?

Era quase impossível acreditar que dobrar e desdobrar resultaria em algo que não um pedaço de papel todo amassado, mas, no último passo, fiz um ângulo de noventa graus com duas abas e me dei conta de que tinha criado as asas de um pássaro.

Como havia terminado antes, fiz outro tsuru rapidinho, para levar para casa conosco. Ficou torto e imperfeito, o que pareceu honesto. Dentro, tinha escrito uma mensagem:

Arden e Adele, quando vocês partiram, apontaram a direção para o meu despertar. Continuo tentando.

Obrigada,
Mamãe

Quando todos tinham terminado, segui Chodo até a sala de meditação. Um a um, colocamos nossos tsurus diante do altar. Vi Dave levar o dele com as duas mãos, como se reconfortasse um passarinho caído de um ninho. Naquele momento, eu o amei mais do que achei que fosse possível amar a outro ser humano.

Jizo

Para marcar o encerramento do ritual, Chodo recitou o *gatha* da noite, um verso meditativo que é entoado em um tom monótono e assustador todas as noites nos templos zen ao redor do mundo. Eu já o ouvira inúmeras vezes, mas agora finalmente compreendia sua promessa.

Permita-me recordar respeitosamente
Que a vida e a morte são de suprema importância.
O tempo passa depressa, e perde-se a oportunidade.
Esta noite significa um dia a menos em nossa vida.
Devemos todos nos esforçar para despertar.
Despertar.
Mantenha a atenção.
Não desperdice sua vida.

Peguei a mão de Dave, e ficamos ouvindo os últimos badalos do sino do templo.

TRACY, QUARTO 700

Numa manhã cinza e fria, uma série de eventos se desdobrou na unidade de cuidados paliativos, parecendo mais que coincidência.

Cheguei cedo, antes da pessoa que coordenava o andar e era responsável por imprimir a lista de quem havia morrido na noite anterior e de quem estava chegando. Sem ela, eu entrava nos quartos sem saber o nome, a idade ou o diagnóstico dos pacientes. Até preferia assim, porque me permitia atravessar a porta sem nenhum preconceito, de modo que éramos só o paciente e eu. Uma relação nova. Começando do zero.

Naquela manhã, comecei pela primeira porta, a partir do fim do corredor. Havia uma mulher delicada de origem asiática deitada na cama. Parecia ter cinquenta e muitos anos e não reagiu, mantendo os olhos fechados. Seu cabelo grisalho estava espalhado sobre o travesseiro. Fiquei ao lado da cama e me arrisquei a me apresentar. Disse a ela que ficaria ali um momento e perguntei se queria que eu segurasse sua mão. Devagar, uma mão muito fina, mas elegante, saiu de debaixo do cobertor rosé. Coloquei minha mão sob a dela, como fora treinada a fazer, para que a mulher pudesse tirar a sua se quisesse. Assim, quem detinha o controle era ela.

Eu me perguntei quem era aquela mulher e o que a havia levado até ali. Eu me peguei cantando "Edelweiss" baixinho, uma música que minha mãe adorava cantar para mim e para meus irmãos quando éramos bebês, e que eu mesma cantara aos meus filhos da primeira vez que os pegara nos braços.

— *Edelweiss, edelweiss, every morning you greet me...*[21]

Alguém da enfermagem chegou para verificar os sinais vitais dela. Eu disse à paciente que daria mais uma passada antes de ir embora. Visitei todos os quartos naquela manhã. Quando finalmente tive tempo de pegar uma cópia do censo na recepção, passei os olhos rapidamente por ele.

Havia uma coluna nomeada "fonte de pagamento", que listava a entidade responsável pela conta: companhias de seguro privadas, Medicare ou Medicaid. O nome de uma seguradora me saltou aos olhos. Era uma empresa pouco comum, de nome japonês, que eu só conhecia porque era a que o trabalho de Dave oferecia. Segui a linha até o nome do paciente. Era a mulher com belas mãos do primeiro quarto em que eu entrara. Agora eu sabia que o nome dela era Tracy.

Então, percebi que ela era uma gerente da empresa em que Dave trabalhava. Fora uma funcionária dedicada até que um câncer a impedira de continuar trabalhando. Dave a visitara no hospital e em casa, conforme a doença progredia. Eu e os meninos também a tínhamos conhecido quando eles eram pequenos, em uma festa de fim de ano da empresa da qual saímos com uma caixa de chocolates. Ela dissera a Dave que queria encontrar bons livros sobre atenção plena, e eu recomendara alguns dos meus preferidos.

Voltei ao quarto dela com uma sensação de tranquilidade que superava as estranhas circunstâncias. Ali estávamos nós, sozinhas em uma manhã chuvosa, cedo demais para que a família dela tivesse chegado. Sua respiração estava rasa. Eu me sentei e voltei a colocar a mão sob a dela.

— Tracy, aqui é a Barbara. Levei um tempinho para perceber que é você. Sou esposa de Dave, e fico muito feliz de poder estar aqui agora. Dave sempre falou muito bem de você. E que você é uma parte tão importante da equipe que é como se fosse da família.

Eu sabia que aquilo era verdade. Também sabia que ela tinha uma família muito amorosa. Nem todos os pacientes trazem um cobertor de casa, e eu disse isso a ela.

Fiquei sentada em silêncio, notando o subir e descer de sua respiração. Ela já parecia tranquila quando entrei, mas agora seu rosto tinha relaxado por completo. Sua pele estava levemente caída sobre as maçãs do rosto salientes.

— Vou ficar com você. Não importa o que aconteça, não tenho medo de te acompanhar.

Eu não planejava dizer isso, mas estava sendo totalmente sincera. Ficaria ali o dia todo, a noite toda, se fosse necessário. Toda reflexão, tristeza e alegria da minha vida haviam me levado àquele momento, e eu sabia que pertencia àquele exato lugar, naquele exato momento.

Mary, a voluntária responsável pelas flores frescas, entrou com um vaso de crisântemos e o colocou à mesa de cabeceira. Padre Tom, o capelão, apareceu para ver se estava tudo bem. Assenti e disse que estava.

Quando estávamos sozinhas de novo, notei que minha respiração tinha sincronizado com a dela. Comecei a cantar "Edelweiss" de novo, bem baixo.

— *Blossom of snow may you bloom and grow, bloom and grow forever...*[22]

Cerca de dez minutos se passaram. Tracy exalou com força, como se o ar escapasse de uma bexiga. Em seguida, ela inspirou e expirou suavemente. Fiquei esperando que inspirasse de novo, prendendo eu mesma o ar, mas tinha acabado. No mais extraordinário dos momentos comuns, Tracy faleceu, às 11h36.

Senti uma sensação de paz se espalhar por meu corpo. Koshin e Chodo muitas vezes nos lembravam de que a morte numa unidade de cuidados paliativos não é uma emergência. Não há motivo para apertar o botão de ajuda freneticamente. Fiquei vários minutos ali, sentada com Tracy, minha mão ainda tocando a dela, e agradeci por ter deixado que eu a acompanhasse. Em uma cidade com milhões de pessoas e mais de sessenta hospitais, no único dia da semana em que eu ia àquele lugar, a primeira pessoa a quem fiz companhia em sua última expiração foi alguém que eu conhecia, ainda que pouco.

Só notei que estava chorando quando senti o sal das lágrimas na boca. Passei a mão na cabeça dela. Ainda estava quente. Eu me levantei devagar e coloquei as duas mãos sobre seu coração. Depois fui informar a enfermagem.

Em casa, naquela noite, Dave me disse que a sobrinha de Tracy tinha ligado para avisar que ela havia morrido. Ele hesitara por um momento, depois contara a ela que eu estava trabalhando como voluntária naquela manhã. A princípio a sobrinha ficara em silêncio, mas depois perguntara se eu poderia ligar para ela. Dave estava muito triste com a morte de Tracy e por não ter podido se despedir. Mas também estava aliviado por ela não estar mais sofrendo.

— Sinto muito, Dave — falei, descansando a cabeça em seu ombro.

Os meninos ouviram tudo e quiseram saber o que havia acontecido com Tracy, de quem se lembravam. Eu não gostava de explicações de morte pela metade, floreadas, em tons sussurrados, muito menos daquelas censuradas para crianças. Sentei com os dois no sofá e contei o que havia acontecido aquela manhã, com todo o cuidado. Olhei em seus olhos, me perguntando como iam reagir.

— Você cantou "Edelweiss" pra ela? — Evan perguntou, incrédulo. Confirmei com a cabeça.

— "Edelweiss"! — Drew repetiu. — Mãe! Você deve ter matado Tracy com aquela música idiota.

Quando liguei para a sobrinha dela, notei que sua voz falhava.

— Em nome da minha família, quero agradecer por você ter ficado com ela — a sobrinha disse, depois que eu contei o que havia acontecido. — Por acaso ela abriu os olhos ou disse alguma coisa?

— Ela estava tranquila, quase como se dormisse — eu disse. — Se uma morte bonita existe, foi bonita no caso dela.

Antes de desligarmos, ela convidou Dave e a mim para a cerimônia fúnebre, na semana seguinte.

A cerimônia foi realizada em uma casa funerária escondida em uma ruazinha de Chinatown. Um homem de terno escuro nos recebeu e entregou uma bala para cada um de nós.

— Para adoçar este dia triste — ele disse.

Lá dentro, Dave e eu ficamos lado a lado enquanto outro funcionário de terno entregava um incenso queimando a cada um de nós. Ele nos instruiu a nos curvarmos três vezes diante do altar, onde se encontrava uma tigela grande cheia de incenso queimando, uma vela, três tigelas de água, um frango assado e oferendas de laranja, arroz e vegetais. Ouvia-se uma gravação de cânticos em chinês. Fomos conduzidos para trás do altar, onde estava Tracy, em um caixão aberto. Ela parecia majestosa, usando um casaco tradicional dourado e com o cabelo preso em um coque baixo e elegante. Seus óculos, que eu vira na mesa de cabeceira do quarto de hospital, agora repousavam dentro do caixão. Como instruído, Dave e eu nos curvamos juntos outras três vezes e nos viramos para cumprimentar os membros da família, um a um.

— Meus pêsames — eu disse, olhando nos olhos de cada um deles.

— Obrigado por ter feito companhia a ela no fim — a irmã de Tracy disse. — Nem dá para dizer o quanto significa para nós.

— Foi uma honra — respondi, sincera. Se eu dissesse a eles que fazer companhia a Tracy tinha sido como pisar em solo sagrado, talvez não conseguisse segurar o choro.

O irmão de Tracy explicou os elementos de um funeral chinês tradicional. Ele apontou para a frente da sala, que estava cheia de objetos que pareciam brinquedos.

— São oferendas para o além-vida — ele disse.

Olhei mais atentamente: era um modelo em papel de uma mansão, do tamanho de uma casa de bonecas grande, com aparelhos de ar-condicionado e os bonequinhos de uma criada e um mordomo na frente, um carro dourado de uns sessenta centímetros de comprimento, um par de tênis de corrida e um par de sapatos Chanel fechados, um MacBook falso, uma réplica de um sistema de som de última geração, um pacote de refrigerante e maços de dinheiro falso. Todos os objetos iam ser queimados em um forno pequeno que ficava na parede aos pés do caixão, de modo que a fumaça chegasse ao mundo espiritual em um ato de súplica.

Uma amiga da família nos entregou uma pilha de quadrados de papel prateado. Ela nos ensinou a dobrá-los para formar os retângulos que eram chamados de "dinheiro fantasma", que também queimariam como uma forma de pedir uma vida confortável no além. Dobrei tão rápido e com todo o cuidado quanto pude, atraída pela ideia de que, através daquele ritual, a perda da família podia ser transformada em esperança e seu sofrimento, aliviado. Dave franziu a testa em concentração e também pôs mãos à obra.

Quando a cerimônia terminou, recebemos um envelope vermelho cada um, com uma moeda de 25 centavos dentro, e nos instruíram a gastar o dinheiro no caminho para casa, para ter boa sorte e compensar o azar de ter ido a um funeral. Dave e eu íamos ambos trabalhar, por isso nos separamos. Eu comecei o caminho de volta por Chinatown. Peguei a bala que tinham nos dado, abri e coloquei na boca. Gastei a moeda comprando um café em um lugar cheio de mães jovens com carrinhos de bebê chiques e pessoas de vinte e poucos anos curvadas sobre os *laptops*. A pessoa que me atendeu sorriu para mim e me deu um donut, sem motivo. Pensei em guardar para os meninos, mas quando cheguei ao meu destino só restavam migalhas.

Uma semana depois, marquei um horário para falar com Chodo. Apesar de ter me sentido tranquila nos momentos antes e depois da morte de Tracy, agora a coisa tinha mudado. Embora eu tentasse me concentrar na respiração enquanto meditava, não conseguia tirar da cabeça a imagem vívida da última expiração dela. Era incômodo, como se eu estivesse respirando por Tracy, ou ela por mim.

Entrei na salinha do Zendo em que ocorriam as conversas, a qual continha apenas um abajur e duas cadeiras, uma de frente para a outra.

— Pode sentar — Chodo disse, com sua voz profunda, apontando para a cadeira mais confortável.

Obedeci.

— Me diga o que está acontecendo — ele pediu com delicadeza.

Contei a história toda, mal parando para respirar. Quando terminei, olhei para o rosto dele e fiquei esperando, sentindo-me exausta de repente.

Chodo tirou os óculos e olhou para mim. Finalmente ele disse:

— Isso é maravilhoso! — Ele apontou para mim, como se para dar ênfase àquilo. — Imagine os carmas passados, seus e de Tracy, que uniram vocês enquanto ela morria.

Fiquei bastante aliviada que aquele monge, um homem que vira muita coisa em todos aqueles anos cuidando de pessoas morrendo, parecesse ver um significado mais amplo no que havia acontecido. Não consegui mais segurar as lágrimas, tampouco desejava aquilo.

— Ela foi sua professora — ele disse, baixo, me passando um lenço. — Mostrou a você que tudo o que realmente temos é essa respiração. Aqui e agora. Se todo o seu treinamento tivesse sido só para ter aquele único momento com ela, já teria valido a pena.

Chodo estava certo. Tracy era minha professora. O que se passara entre nós me lembrou da teia de Indra — um símbolo oriental antigo que representa uma teia vasta e delicada se expandindo infinitamente em todas as direções. Em cada ponto de sobreposição há uma joia multifacetada, e em cada uma delas é possível ver o reflexo de todas as outras, espelhando-se infinitamente. Tracy e eu éramos como uma única sobreposição na teia, e no instante em que nossa ligação refletiu a luz, refletiu também todo o universo. Nada era fixo, nada era sólido, nada estava ligado a um tempo ou a um lugar, nada era apenas meu ou dela. Havia uma enorme sensação de liberdade em ter um pequeno vislumbre que fosse daquela teia de interconexões, como se não existisse nada além de sua bela estrutura cósmica.

Das profundezas daquele lugar misterioso, eu também podia parar e me aterrar com a respiração. O primeiro ato de um recém-nascido é inspirar, e o último ato de um moribundo é expirar. Todo o nosso tempo de vida, e de qualquer ser que já nasceu ou virá a nascer, em um único ciclo respiratório. O que poderia ser mais digno de nossa atenção?

MEUS PAIS

Em uma tarde no início de setembro, Evan e eu planejamos nosso retorno ao lago Walden. Fazia anos desde nossa primeira visita, quando fomos forçados a voltar depois que seu corpinho se curvara e ele vomitara na trilha que levava ao lugar onde ficara a cabana de Thoreau. Aquele incidente infeliz agora figurava entre as anedotas da família, e daquela vez queríamos uma história diferente.

Passamos o dia visitando possíveis faculdades para ele em Boston, e chegamos ao lago quando o sol começava a se pôr atrás das árvores. O céu estava magnífico, em uma mistura de cor-de-rosa, laranja e azul. Ocorreu-me pela primeira vez que, por mais que amasse Walden, meu pai nunca tinha vindo ao lago. Saber que a vida dele estava chegando ao fim só me deixou mais determinada a fazer aquela visita valer a pena.

Evan estava animado, prestes a dar o próximo passo em sua vida. Senti uma tola ansiedade por ele enquanto tirávamos os sapatos, subíamos a barra da calça e molhávamos os pés na água. Uma frase do livro me veio à mente: "Quando uma pessoa avança confiante na direção de seus sonhos e se esforça para viver a vida que visualizou para si, terá um sucesso inesperado nas horas que passa acordado".

A manhã seguinte começou como de costume. Evan estava em sua primeira entrevista admissional, depois ia assistir a uma aula e conhecer o professor. Era uma boa oportunidade de conhecer a instituição e demonstrar seu interesse. Eu matava o tempo na livraria universitária, esperando por ele, quando fui tomada por um forte pressentimento. Não tinha voz, mas se tivesse diria: *Vá embora agora. Vá até seu pai.*

Encontrei Evan do lado de fora da sala da entrevista.

— Vamos — eu disse, entregando a ele um sanduíche que tinha comprado na lanchonete do campus.

— Mas e a aula? — ele perguntou.

— Desculpa — eu disse. — Tenho a sensação de que algo vai acontecer.

Dirigimos de Massachusetts até Nova Jersey, o que levava mais de quatro horas, o tempo todo no limite de velocidade. Percebi que largar tudo para seguir um instinto devia parecer loucura para Evan. O fim certamente estava próximo para meu pai, mas, até onde sabíamos, poderia ser uma questão de dias ou semanas.

Desde seu aniversário de oitenta e oito anos, momento em que havia me dito que planejava partir, meu pai parecia estar fazendo exatamente aquilo. Ele perdeu a capacidade de andar, de falar e de se alimentar sozinho. Quando minha mãe, a eterna enfermeira, admitiu que era pesado demais cuidar dele sozinha, tomamos uma decisão em família de transferi-lo para uma casa de repouso do outro lado da cidade. Era um lugar tão agradável quanto podia ser. Tia Bev, irmã do meu pai, já morava do outro lado do corredor, e os funcionários garantiam que os irmãos tivessem bastante tempo juntos, para ficar de mãos dadas e assistir a filmes antigos à tarde. Um dia minha amiga Catharine, que tocava harpa na unidade de cuidados paliativos onde eu trabalhava como voluntária, colocou o instrumento no banco de trás de um táxi e atravessou a ponte até Nova Jersey para tocar para eles.

Quando Evan e eu finalmente chegamos à casa de repouso e eu já estava assinando o livro de registro de visitantes, a pessoa na recepção nos cumprimentou calorosamente e disse:

— Sua cunhada levou Bev para andar lá fora. É um dia lindo. Sua mãe está lá em cima com seu pai.

Evan e eu fomos direto para o terceiro andar. Paramos à porta do quarto do meu pai. Meu irmão David havia colocado a cama dele de frente para a janela, para que pudesse ver as árvores. A janela estava aberta, e uma brisa quente sacudia levemente as cortinas. Minha mãe estava sentada à poltrona, que tinha

meus pais

sido puxada para o lado da cama, segurando a mão do meu pai e com os olhos fixos nele. Quando nos ouviu, virou em nossa direção e pareceu assustada.

— Ele acabou de partir — ela disse, surpresa. — Li o vigésimo terceiro salmo para ele, "Ainda que eu ande pelo vale da sombra da morte", e quando terminei ele estava morto. Seu corpo simplesmente parou de funcionar.

Ela parecia tão pequena, como um passarinho frágil. Fui até a cama e olhei para meu pai. Seus olhos estavam abertos, mas a força que animava sua existência sem dúvida fora embora. Beijei a testa dele e senti como ainda estava quente. Lágrimas rolavam pelo meu rosto quando me dirigi à minha mãe. Ambas chorávamos baixo, abraçadas, quando Evan se aproximou e abraçou nós duas também. Meu filho, que agora era um jovem homem, procurava consolar a nós duas.

— Mãe — Evan me disse depois, quando contei o que havia acontecido. — Você tem ideia de que chegamos no momento perfeito? Se chegássemos um minuto antes, a vovó estaria perguntando como foi a viagem, em vez de dedicar toda a sua atenção ao vovô. Ele já sabia o quanto a gente o amava. Tinha que ser exatamente como foi.

Ele estava se tornando uma alma sábia, meu filho Evan.

A cerimônia fúnebre do meu pai foi realizada em um dia frio de outono, no lago onde ele havia crescido e onde meu irmão David morava com a família. Antes que os convidados chegassem, meus irmãos, eu e nossas famílias subimos a montanha que dava para o lago para espalhar metade das cinzas do meu pai, como ele queria. O resto ficaria debaixo do azevinho, à beira da água, onde as cinzas dos meus avós tinham sido enterradas.

Subi até a parte mais alta, para ter uma visão desimpedida da casa de infância do meu pai. Através das folhas que mudavam de cor, também podia ver Manhattan, a distância. Era quase bonito demais para a ocasião. Pisei em uma parte plana das pedras e joguei suas cinzas ao vento, traçando um coração gigante.

Quando chegamos em casa, tia Bev, minha mãe e alguns outros familiares e amigos mais próximos já estavam reunidos. Minha mãe tinha me perguntado se eu podia conduzir a cerimônia.

— Se eu puder usar óculos escuros o tempo todo, não tem problema — eu dissera, meio brincando. A verdade era que não conseguia pensar em uma maneira melhor de homenagear meu pai, e ficara feliz com o pedido dela.

Eu estava usando jeans e botas de caminhada, por isso troquei de roupa antes de chamar todo mundo e me colocar ao lado da árvore. Com a voz falha, comecei:

— Estamos aqui para expressar gratidão ao homem a que chamávamos de pai, dr. George, querido, vovô, cara...

Minha mãe estava sentada na primeira fileira e assentia serenamente. Meu irmão George leu uma prece que minha mãe havia escrito. Os seis netos se revezaram para ler a letra de uma música de que meus pais gostavam. Então convidei os familiares a se aproximar e colocar os cartões que tínhamos feito para meu pai, expressando os pensamentos privados de nosso coração, em um buraco que meu irmão havia aberto perto da árvore. A capa do meu cartão continha uma frase simples de Thoreau: "Não há outro remédio para o amor além de mais amor". Depois que Drew depositou o último cartão, minha mãe espalhou o que restava das cinzas de meu pai sobre nossas oferendas.

Em seguida, foram todos para dentro da casa do meu irmão. Eu me demorei mais um pouco, sentada em uma pedra à beira do lago. Joguei um punhado de pedrinhas na superfície e fiquei vendo os círculos concêntricos se expandindo.

Cerca de uma hora devia ter se passado quando Michelle, cunhada de Marisa, minha falecida amiga de infância, me chamou:

— Olha só essas cores, Barb.

Eu me virei para olhar para onde ela estava apontando. O sol se punha, projetando um arco-íris na superfície do lago. A meu coração partido, pareceu um sinal — como o arco-íris no Central Park parecera a minha amiga Consolee —, um lembrete de que, como meu pai havia prometido, aquilo também ia passar.

meus pais

Dez dias depois da cerimônia fúnebre do meu pai, minha mãe deu entrada no hospital. Meu irmão David tinha passado na casa dela a caminho do trabalho e a encontrara sentada no sofá da sala, sem conseguir respirar, sintoma de uma insuficiência cardíaca. Ela foi admitida na cardiologia do hospital em que meu pai e meu avô haviam trabalhado, e onde meu irmão George agora seguia seus passos na medicina.

Quando Drew nasceu, minha mãe apareceu à porta do meu apartamento com uma mala em cada mão. Eu não estava esperando aquilo. Cada centímetro do meu corpo tremia de exaustão, de modo que fiquei feliz em vê-la.

— Não vou embora até que você esteja pronta — ela disse, entrando no meu apartamento.

Era exatamente o que eu queria fazer por ela naquele momento. Eu me sentei para conversar com Dave e os meninos.

— Não quero ter nenhum arrependimento — expliquei. — Quero ficar com ela pelo tempo em que puder ser útil.

Não precisei convencê-los. Na manhã seguinte, fui para minha casa de infância, também com duas malas.

Eu dormia em meu antigo quarto, acordava cedo e ia fazer companhia à minha mãe no hospital. Ela preenchia as horas com pequenos gestos de gratidão. Me pediu que lhe levasse cartõezinhos brancos. Sua caligrafia estava cada vez mais trêmula, mas minha mãe conseguiu escrever dezenas de bilhetes para entes queridos, dizendo o que cada um significava para ela. Quando alguém da equipe de enfermagem nos aconselhou a levar para casa quaisquer itens de valor que minha mãe tivesse trazido, porque era mais seguro, ela respondeu, dando risada:

— Tudo o que tenho de valor é capaz de andar sozinho.

Quando fazia uma semana que minha mãe estava no hospital, assistentes sociais da unidade de cuidados paliativos vieram conversar conosco. Seu coração estava cada vez mais fraco, e com frequência ela tossia uma quantidade alarmante de um muco rosado com espuma. Estava claro que tínhamos esgotado todos os tratamentos que pudessem levar a uma melhora. Embora eu soubesse que havia entrado no mundo dos cuidados paliativos para me preparar para a futura morte dos meus pais, senti que havia sido pega desprevenida por aquele momento de sinceridade.

— Quero ir para casa — ela disse aos assistentes sociais, fraca.

— Podemos fazer isso acontecer e continuar dando apoio para que você fique tão confortável quanto possível — uma das pessoas respondeu.

Minha família inteira sabia que cuidados paliativos não significam que se tinha desistido de uma pessoa. Eram a forma de tratamento mais realista e compassiva disponível.

Meus irmãos e eu corremos atrás de colocar uma cama de hospital na sala da casa da minha mãe, com vista para a montanha. Era o cômodo mais ensolarado e animado da casa. Mal tivemos tempo de tirar as coisas do meu pai de lá, onde ele tinha passado tantos dias. Agora estávamos arrumando o lugar onde sabíamos que minha mãe expiraria pela última vez. Minha amiga Julie nos deu um lindo bico-de-papagaio, e dispusemos o pequeno presépio de porcelana da minha mãe no peitoril da janela, onde ela poderia vê-lo sem dificuldade. O fim de ano estava chegando.

Todos esperávamos que minha mãe passaria por certa revitalização em casa, livre do monitoramento e dos remédios no meio da noite, da TV ligada 24 horas por dia, acima dos bipes dos aparelhos do hospital. Mas isso não aconteceu. Uma dor excruciante devastava seu corpo, e de repente eu me vi intensamente envolta pelos seus cuidados. Eu e uma pessoa que nos ajudava tínhamos que mudar minha mãe de posição a cada poucas horas, para evitar escaras, enquanto ela gritava de agonia. Eu fazia massagem em suas costas e limpava tudo quando ela vomitava. Aprendi a monitorar o tanque de oxigênio. Uma pessoa especializada em enfermagem domiciliar me ensinou a administrar morfina e outros sedativos sob a língua da minha mãe, o que eu pegava de uma caixa de remédios identificados pela cor que deixávamos na geladeira. Havia uma seringa azul,

meus pais

uma amarela, uma rosa e uma verde, cada uma com um propósito diferente. Diante da dor devastadora da minha mãe, eu era incapaz de ver um lado positivo ou qualquer coisa de bom.

Eu nunca tinha visto um paciente em tamanha agonia. Os médicos e enfermeiros estavam sempre de olho nela, para se certificar de que nada lhes passava despercebido. Parecia muito injusto que minha mãe, que havia sido tão boa e servido aos outros durante a vida, tivesse tanto azar agora. Uma cuidadora veio com uma explicação que ninguém mais dera.

— É o que chamamos de agitação terminal, querida — ela disse com delicadeza. — Todo mundo deve estar falando que sua mãe está morrendo porque a morte de seu pai partiu seu coração. Mas talvez ela queira viver.

Pensei naquelas palavras. Minha mãe sem dúvida queria viver. Ela queria plantar um bordo japonês no quintal em homenagem a meu pai, ir à praia com os netos e voltar a trabalhar como voluntária na casa de repouso local. Tinha planos, e morrer não fazia parte deles. Não era à toa que estava tão agitada.

Quando minha mãe finalmente dormiu depois de uma crise particularmente ruim, coloquei um casaco e disse à cuidadora que voltaria logo. Atravessei a rua e fui ao cemitério onde havia passado inúmeras horas quando criança. Para minha família, era um lugar benevolente: com gramados amplos e lápides baixas, não era surpresa que visitantes muitas vezes o confundissem com um parque.

— É um ótimo lugar para morar — minha mãe sempre dizia, a respeito de casa. — Os vizinhos não fazem barulho.

Pisei no chão congelado, subindo a colina em direção às árvores, até chegar ao ponto onde os funcionários do cemitério descartavam as flores murchas. Tirei as luvas e liguei para minha amiga Dana, que mandava mensagem todos os dias para ver como eu estava.

— Pode chorar — ela disse. — Não precisa se explicar. Faça o que quiser. Estou aqui por você.

Foi o bastante. A validação de Dana em todos os aspectos da jornada, incluindo os piores momentos, era um presente imensurável. Comecei a tremer e depois a chorar. Procurei um lenço no bolso, mas não tinha um. Eu devia estar chorando feio, como os meninos diziam.

Entre as palavras, consegui colocar minha verdade para fora. Eu disse que minha mãe parecia mais um esqueleto que uma pessoa. Disse que ela gritava de dor, não conseguia respirar, implorava a Deus. Parecia que eu estava vendo um novo lado da morte, o que despertava minha fúria.

— Estou puta com o suposto anjo da morte, que parece não conseguir chegar a esta cidade, muito embora tenha vindo para levar meu pai há poucos meses.

Dana e eu desligamos, e voltei para casa vinte minutos depois de ter saído. Minha mãe ainda dormia profundamente. Tomei um banho quente e liguei meu *laptop* pela primeira vez em uma semana. Havia mensagens carinhosas de familiares e amigos. Cristãos e judeus rezavam por minha mãe e por nossa família. Um amigo hindu realizara uma cerimônia *aarti*, acendendo velas de azeite e rezando por seu bem-estar. Eu também tinha recebido cânticos budistas e poesias de Rumi. Urso Generoso fizera o ritual do cachimbo sagrado por nossa família e pelos profissionais que cuidavam de minha mãe. Era como se ele tivesse virado mãe de todos.

Na tarde em que a equipe de enfermagem nos disse que minha mãe provavelmente tinha só mais um dia de vida, Dave e eu falamos com os meninos. Os dois a tinham visto na semana anterior, no Dia de Ação de Graças, e dado a ela cartões feitos em casa que diziam o quanto significava para eles. Mas não parecia o bastante. Eu me lembrei do que um amigo da Guiné me contou uma vez sobre a tradição em seu vilarejo: "Não escondemos o momento da morte dos mais jovens. Todos se sentam à beira da cama".

Oferecemos aquela opção aos meninos.

— Pensem a respeito com carinho. A decisão é de vocês, e não há certo ou errado. A vovó não está mais respondendo, mas talvez ainda possa nos ouvir. Se quiserem ficar com ela até o fim, estaremos com vocês.

meus pais

Os dois quiseram.

Quando chegaram, fiquei com medo de que tivéssemos cometido um erro. Eles olharam para minha mãe, que estava com menos de quarenta quilos. Os ossos pontiagudos sob sua pele tinham alterado o rosto que sempre conhecêramos. Ela não estava consciente da presença dos meninos, ou pelo menos não era o que parecia. Os dois começaram a chorar, em silêncio. Olhei para Dave, preocupada. Drew saiu da sala, e Dave o seguiu. Alguns minutos depois, os dois voltaram. Ficamos todos sentados em volta da cama, de mãos dadas. Presumindo que minha mãe podia nos ouvir, conversamos sobre nossos momentos preferidos com ela e meu pai. Quando quem quer que estivesse falando acabava, ficávamos em silêncio até que outra pessoa tivesse vontade de falar. Durante o dia, se juntaram a nós a melhor amiga de minha mãe — a mãe de Marisa — e da irmã dela, meus irmãos com suas famílias e o pastor da igreja. Os meninos viram adultos chorando e se abraçando, beijando, penteando e ajeitando as cobertas de uma mulher à beira da morte. *Aprendemos a nos despedir vendo e ouvindo*, pensei. *Testemunhando.*

Naquela noite, meus irmãos dormiram no chão da sala, perto da cama da minha mãe, para estar atentos a qualquer necessidade dela. Dave, os meninos e eu pedimos para meus irmãos nos acordarem se algo acontecesse e fomos para a cama dos meus pais. Meu corpo estava arrasado, depois de semanas dormindo mal, e me senti ligeiramente revigorada deitada perto da minha família, tão cheia de saúde e energia.

Na manhã seguinte, assim que chegou, a enfermeira foi verificar os sinais vitais da minha mãe, impressionada que ela tivesse sobrevivido à noite. Se realmente fosse o último momento de minha mãe na Terra, do que ela gostaria?, eu me perguntei. Fui até o sótão e procurei o castiçal redondo que minha mãe costumava usar nos domingos que antecediam o Natal. Era o ritual preferido dela, porque nos sentávamos juntos, acendíamos velas, cantávamos e líamos passagens da Bíblia.

Faltavam alguns dias para o domingo, mas não podia haver erro em começar antes. Chamei todo mundo para perto da cama. Cantamos todas as músicas de Natal que conhecíamos — incluindo meus filhos e meu marido judeus, uma pessoa ateísta e algumas que não sabiam bem no que acreditavam.

Antes de acender as velas, lembramos que havia um tanque de oxigênio na sala. Desistimos, porque não precisávamos de luz: ela estava presente naquele cômodo em um nível que eu nunca testemunhara. Vinha na forma de um amor puro e claro. Nosso amor pela minha mãe e pelo meu pai. E se expressava em um calor resplandecente, que éramos capazes de sentir entre nós que estávamos ali reunidos. Estava presente em cada gesto sincero, em cada lágrima, em cada risada. Havia tanto amor naquela sala que ele começou a desfazer os nós de dor que o tinham antecedido.

Com meus pais, em casa, em Nova Jersey
(Foto de Debra Baida)

Uma hora depois da nossa cerimônia improvisada, minha mãe deu seu último suspiro. Finalmente ela parecia em paz. Devagar, eu me levantei para fazer o que tinha testemunhado muitas vezes na unidade de cuidados paliativos. Tirei as pétalas de um arranjo de flores sobre a lareira e as espalhei com cuidado sobre o lençol que cobria o corpo. Meu irmão George colocou uma foto de sua filha, que estava na faculdade, entre as pétalas, para que também pudesse estar perto da minha mãe, como todos os outros netos que se aproximavam.

meus pais

Semanas depois que minha mãe morreu, uma caixa grande e retangular chegou à nossa porta. Vi que era da minha amiga Lisa, que morava na Carolina do Norte e vinha acompanhando as perdas da minha família através de telefonemas e mensagens.

Abri a caixa com cuidado, usando a tesoura da cozinha, e vi que continha um quadro. A pintura retratava três crianças brincando no jardim. Lisa tinha pedido que a pessoa que dava aula de artes para os filhos dela pintasse a tela para mim. Uma das crianças era uma menina com tranças compridas e loiras, como eu tinha quando pequena, pulando corda. Um menino estava sentado na grama, recostado ao tronco de uma árvore. O outro brincava no balanço. A distância estava sentado um casal mais velho, de frente para o lago, observando o pôr do sol.

Abaixo da pintura vi as palavras da minha mãe: *Tudo o que tenho de valor é capaz de andar sozinho.*

A CASA NA HURON ROAD

Nos meses que se seguiram à morte dos meus pais, meus irmãos e eu nos preparamos para vender a casa deles. Tínhamos crescido naquela construção modesta em meio às árvores dos anos 1960, em uma rua tranquila sem saída. Eu não tinha ideia de quão profundamente o processo ia me afetar. Depois que as cinzas da minha mãe se juntaram às do meu pai sob o azevinho à beira do lago, minha casa de infância passara a ser uma substituta física da presença deles. Agora também sairia de nossa vida.

Meu pai escolhera onde íamos morar estudando fotografias aéreas da área metropolitana de Nova York e Nova Jersey. Nossa cidade ficava no limite entre as ruas urbanizadas e os bosques e os campos abertos. Nosso lar seria em meio ao verde. Como aconteceu com muitas cidades na área, a nossa cresceu mais do que meus pais previam, mas o lugar de que me lembro da infância tinha pomares de maçã e uma fazenda que distribuía leite fresco em garrafas de vidro.

Meu pai acreditava que árvores nunca eram demais, e plantou outras na nossa propriedade, incluindo um bordo japonês em homenagem a seu pai, que eu conseguia ver da janela do meu quarto, balançando delicadamente ao vento. Esquilos passaram a morar debaixo de um gazebo, e cardeais se reuniam no bebedouro no jardim de flores da minha mãe. Meu pai estava tão empolgado com nosso cantinho do paraíso que conseguiu um certificado de hábitat de vida selvagem de uma organização ambiental para nosso quintal, e pendurou a plaquinha de metal retangular no poço de madeira que decorava o gramado da frente.

A casa foi saindo da nossa vida em fases. Primeiro, o que havia dentro dela. Minha cunhada chorou quando doou um saco com os sapatos da minha mãe, assim como eu tinha chorado quando doei os óculos do meu pai. Sapatos e óculos... Eu nunca havia considerado quão profundos podiam ser os artigos do dia a dia.

Foi meu irmão quem encontrou o calendário onde minha mãe marcava os eventos significativos da miríade de pessoas em sua vida. Era a cara dela. Uma estrela de davi em um dia de outono era um lembrete de mandar cartões para mim, David e os meninos, e para Marvin e Laura, meus sogros, por causa do Ano-Novo judaico. Uma setinha apontando para cima significava que alguém tinha morrido e ido para o céu naquele dia.

Foi com a setinha de 1º de dezembro que meu irmão descobriu que minha mãe tinha morrido no mesmo dia da mãe dela, nossa avó, que morrera na mesma casa. Olhando por cima do ombro dele, fiquei comovida com a conexão. *A mesma data, o mesmo lugar.* Pensei na esposa de Mac, que também havia morrido na mesma data e no mesmo cômodo que a própria mãe onze anos antes. Um calafrio percorreu meu corpo.

Meus pais, que tinham nascido durante a Grande Depressão, eram a personificação da frugalidade, e sua casa refletia aquilo. Eu tinha herdado deles meu gene prático. Fora a escrivaninha da minha mãe, uma caixa de papelão cheia de fotos de família, um quadro das bétulas que se via da sala de jantar e as fronhas com *Eu te amo* escrito que minha mãe havia comprado em um Natal para minha cama, me vi ficando apenas com itens úteis: um grampeador, sacos do tipo zip, uma faquinha.

Uma noite, depois de um longo dia dividindo artigos entre as pilhas Guardar, Doar, Vender e Descartar, meu irmão David serviu o jantar com o que ainda tínhamos na casa. Linguini com molho de marisco em lata, uma garrafa de vinho tinto e uma barra do chocolate preferido do meu pai (72% cacau). Brindamos aos meus pais e nos sentamos para comer com os pratos e utensílios simples da cozinha datada deles, com o papel de parede de girassol de que tirávamos sarro sem dó. Talvez tenha sido a refeição mais gostosa que já fiz na vida.

Quando a casa finalmente estava vazia, procuramos corretores de imóveis. Uma corretora nos disse que ninguém mais queria viver numa casa com árvores em vez de ter um gramado extenso. O comentário pareceu uma crítica à maior fonte de alegria dos nossos pais, e desistimos dela na mesma hora. Outro corretor elogiou a estrutura da casa.

— Vai ser perfeita para a família certa — o homem disse, e fechamos com ele na mesma hora.

— Tem certeza de que não querem morar lá? — minha tia materna perguntou uma última vez. — Você, Dave e os meninos gostam tanto de natureza. Podiam sair da cidade...

Mas eu sabia que minha vida na casa da Huron Road tinha acabado. Era hora de deixá-la ir.

Depois que fechamos a porta da frente, com sua aldrava de latão, pela última vez, olhei para meu irmão, que tinha um sorriso inocente no rosto.

— O que você fez? — perguntei, sentindo alguma coisa no ar.

— Só escondi uma fotinho deles nas vigas do sótão, onde os novos moradores nunca vão encontrar — ele confessou. — Ninguém vai sair prejudicado.

Ele ergueu a mão no ar para que eu batesse nela, o que fiz.

Um ano depois da venda da casa, meu irmão estava comendo com alguns amigos em um restaurante local e notou que o casal da mesa ao lado ficava olhando para ele. A coisa era tão óbvia que meu irmão se inclinou para eles e os abordou.

— Desculpa — ele disse —, mas a gente se conhece de algum lugar?

— Sim! Compramos a casa dos seus pais! — a mulher exclamou. — Só queríamos dizer que amamos o lugar. O piso de madeira, o gazebo, o pocinho com a placa de hábitat de vida selvagem na frente...

Meu irmão ficou se questionando se eles tinham encontrado a foto no sótão, mas decidiu não perguntar.

Demorou mais de um ano para que meus pais me visitassem em meus sonhos. O que não era um problema, porque, alguns meses antes de morrer, minha mãe me contou sobre um sonho que tivera, quando estávamos sentadas à mesa da cozinha dela, tomando chá quente.

a casa na huron road

— Você estava lá fora, fazendo algo na churrasqueira — minha mãe começou.

Eu me visualizei do outro lado das portas de correr de vidro.

O gazebo na Huron Road

— Eu estava lá em cima, de roupão, me sentindo meio mal — minha mãe prosseguiu. — De repente você começou a gritar, porque um urso tinha aparecido e te assustado.

Fazia tempo que eu não a via tão animada.

— Sabe o que eu fiz então? — perguntou. — Desci correndo, tão rápido que parecia que estava voando. Eu saí, te peguei nos braços, com esse tamanho todo, e te carreguei para dentro da casa, onde você ficaria a salvo.

Era toda a confirmação de que eu já tinha precisado: de que a casa, minha mãe e meu pai eram capazes de desafiar os limites da fisicalidade e do tempo. Nenhum fardo era pesado demais, nenhuma escada era intransponível. Nada pode nos separar daqueles que amamos, nem mesmo a morte. Sustentada pelas lembranças das décadas que tivemos juntos, dei meus primeiros passos adiante sem eles. E, quando fiz isso, nosso relacionamento simplesmente tomou uma nova forma amorfa.

BARBARA

Alguns anos depois ganhar o National Book Award por *Como morremos*, Sherwin Nuland, amigo de meu pai da época da faculdade, confessou a uma publicação o que o preocupava quanto a ser elogiado por tirar das sombras a questão da morte. "Você tem ideia da situação em que se colocou?", Shep passara a perguntar a si mesmo. "Sua morte vai ter que ser um exemplo para os outros. Você vai precisar ter 'a boa morte'. Vai precisar ser corajoso. Vai precisar ser valente."[23]

O comentário dele me fez pensar. Eu passaria por isso também por ter escrito sobre a morte?

A intimidade com a mortalidade dos outros me levou a confrontar minha eventual morte, como era inevitável. Como eu lidaria com ela? Ia me sentir corajosa e valente, fraca e amedrontada, ou tudo aquilo e o que havia entre os extremos? Ou, caso minha vida se encerrasse abruptamente, eu teria vivenciado aqueles sentimentos em alguma medida?

Em anos recentes, tive alguns vislumbres da minha própria mortalidade. Por três vezes me vi diante da ameaça do câncer de mama, doença que costuma acometer as mulheres da minha família. Todas as vezes, enquanto alguém com expressão séria me mostrava o ponto de preocupação na mamografia e no ultrassom, Marisa me vinha à mente, com a cabeça raspada, o avental do hospital, as pernas pendendo da mesa de exame, perguntando, quase animada, à pessoa que a tratava: "O que tem para me dizer hoje?". O que ela havia suportado, física e mentalmente, com graciosidade e, às vezes, até senso de humor, parecia sobre-humano para mim.

Depois de cada uma das minhas biópsias, guardei a pulseirinha do hospital perto da almofada de meditação que tinha em casa. Conforme os dias passavam e eu aguardava os resultados, minha mente tinha altos e baixos: doença/saúde, medo/coragem, começo/fim. Por que eu fazia aquilo comigo mesma, opunha extremos, de modo a responder como se estivesse em uma batalha constante? Lembrei a mim mesma de que era capaz de mais sutilezas que aquilo, e tentei me deslocar sem julgamentos pelo espaço que havia em meio à tensão.

Durante aqueles sustos, algumas vezes tive a sensação de que tinha chegado à minha base, um lugar tranquilo onde possuía plena consciência de que meus sentimentos oscilavam de maneira desvairada, sem me deixar levar por eles. Embora isso também fosse passageiro, me lembrava de que as incertezas e os obstáculos podem nos levar a certo despertar, quando permitimos. E de que há um modo produtivo de ser, encarando a vida que temos em vez de sofrer pela vida que preferiríamos ter. Eu não iria tão longe a ponto de chamar isso de "aceitação", porque todas as vezes recebi um atestado de saúde e voltei à vida de sempre, muito agradecida e aliviada.

Reconheço humildemente que ainda tenho muito trabalho a fazer.

Por isso, começo com as pequenas coisas. Dou importância às despedidas cotidianas — para ir ao trabalho, à escola, ao mercado na esquina. Digo "eu te amo" mais vezes e tento nunca deixar passar uma oportunidade de expressar gratidão genuína. Me esforço para estar presente para os outros e procuro ficar atenta às maneiras como posso acabar me distanciando. Ouço mais. Sei que lágrimas não precisam ser enxugadas rapidamente e que não se deve pedir desculpas por elas. Quando tenho uma gripe ou quebro um dedo, tento aproveitar a oportunidade de explorar quão frágil, quão tênue nosso corpo pode ser. Tento não levar para o lado pessoal.

A jornada da vida e a perda me mudaram, me deixaram mais profunda. Me faço uma pergunta enganosamente simples diante de decisões de todos os níveis de magnitude: *O que você faria se só tivesse mais um ano de vida?* Aprendi que, assim, nossas prioridades logo ficam claras.

Essa pergunta me levou a uma decisão muito inesperada em uma manhã, em Nova York. Na metade da vida, em dúvida quanto a para onde eu seria levada a seguir, decidi que, se me restava um número limitado de dias, eu gostaria de devotá-los a explorar ainda mais a questão do que dá sentido à nossa vida, do que eleva nossa existência.

Em nossa cultura, aprendemos que a morte é o último e o maior tabu, tão bem bem-vinda quanto um gambá numa festa no jardim. No entanto, em geral, quando falo das minhas experiências com a perda, as pessoas se abrem em relação às delas. A morte é de fato uma grande niveladora. Refletindo sobre histórias de luto e sofrimento, comecei a perceber uma tendência quanto aos recursos de que as pessoas se utilizam quando a vida fica difícil. As pessoas evoluem e crescem, ainda que o corpo definhe. Nós nos saímos muito melhor quando nossa noção de sentido é ampla o suficiente para incluir as coisas que não fazem sentido. Cada pessoa, quer se defina como religiosa, espiritual, agnóstica ou ateísta, me deixa ainda mais curiosa quanto às maneiras como buscamos conforto e propósito, principalmente quando nos encontramos no momento mais provador de nossa vida. Inspirando-me em William Faulkner: fomos feitos não só para resistir, mas para vigorar, não?

Com isso em mente, me inscrevi em um seminário interconfessional. Estava muito mais interessada no conteúdo das aulas que na consequência delas, que seria me tornar uma membra ordenada do clérigo interconfessional. Não era de forma alguma minha intenção ter uma congregação. Respeitava a busca dos outros por significado, quer envolvesse determinada crença, quer não. Mas tinha encontrado um lugar para livres-pensadores, e eu também — uma versão mais velha do meu eu criança que sempre escalava a estante dos meus pais para alcançar os livros coloridos deles sobre religiões do mundo — queria mergulhar na gloriosa diversidade da sabedoria sagrada.

Dave compreendeu desde o início o que o mais novo passo na minha busca significava.

— Barb, sei o que está fazendo. Não tem a ver com religião ou com ser ordenada.

— E tem a ver com o quê, então? — perguntei.

— Tem a ver com ser mais reverente na vida, todos os dias.

barbara

Estiquei um braço para tocar o dele, grata por me compreender tão bem — às vezes melhor do que eu mesma me compreendia.

No fim das contas, ele estava certo. Meu período no seminário confirmou o que eu tinha aprendido sobre a perda e a vida: que viver com o fim em mente pode ser um empreendimento enobrecedor. Que, quanto mais abraçamos a morte, mais abraçamos a vida. Que a vida não deveria ter a ver com nossos próprios interesses, mas com ser uma fonte de amor para os outros. Que nossa presença é muito mais importante que qualquer conhecimento técnico sobre religião ou espiritualidade que se possa ter. Que a compaixão e a generosidade de espírito sempre prevalecem sobre crenças e pensamentos rígidos. Que aceitar o desconforto pode ser muito mais profundo e útil que tentar consertar o que não pode ser consertado. E que, quando algo pode ser remediado, não podemos nos permitir ficar passivos: temos que intervir e preencher o vazio. Isso tudo é a essência da reverência.

Depois de dois anos de explorações espirituais, no dia de nossa ordenação na majestosa Igreja de Riverside, em Manhattan, olhei para as vestimentas dos colegas que estavam na minha fileira. Cada um usava uma estola de sua escolha no pescoço, e o arco-íris de cores e estampas elaboradas só contribuía para a atmosfera festiva. Minha própria estola era preta e comprida, com mais de quatrocentos botões antigos costurados como um córrego sinuoso. Uma artista que encontrei na internet havia feito aquilo para mim. Ela me disse que gostava de se sentar e costurar botões no silêncio da noite, imaginando que haviam viajado pelo mar e presenciado funerais, casamentos e nascimentos. Aquilo representava perfeitamente o que eu sentia quanto à interconexão de todos os seres no espaço e no tempo.

O autor francês Jules Renard escreveu: "Se eu tivesse que viver minha vida de novo, pediria que nada mudasse, mas que meus olhos estivessem mais abertos". Mais abertos a *todas* as realidades, eu acrescentaria. Não só à felicidade, mas também à dor.

*Com Chodo, na minha ordenação na
Igreja Riverside, em Nova York*

Minha jornada em constante expansão me trouxe até aqui. Sei que às vezes vou tropeçar, semiadormecida. Mas também sei que posso despertar e reencontrar o caminho. Todos podemos. Essa é a vida que vale a pena viver. Eu sei. Eu entendo. É o bastante.

PÓS-ESCRITO: CERNE

As árvores. No fim, tudo parecia voltar às árvores.

Uma pandemia global chegou à nossa costa, e a região da cidade de Nova York se viu em seu epicentro. A covid-19 se esgueirou para dentro das casas de repouso, mais vulneráveis, e levou consigo um número desproporcional de idosos. Tia Bev foi uma dessas pessoas.

Meu irmão David me ligou quando estava ao lado da cama dela. Tinham lhe dado a opção de se despedir pessoalmente, usando equipamento de proteção. Fazia meses que não podíamos visitar tia Bev, porque a casa de repouso estava sob regras estritas. Todos sentíamos tanto sua falta que chegava a doer. Assim como havia pegado o carro anos atrás e dirigido por horas diante de nossa desconfiança de que tia Bev havia caído, David não hesitou em ir até ela em sua morte.

Eu o ouvi dizer, com a voz abafada pela máscara:

— Tia Bev, Barbara está aqui também. Estamos ambos aqui com você.

Ele levou o telefone, que estava no viva voz, para mais perto da orelha dela. Pude ouvir a respiração rasa de tia Bev. Senti o instinto de segurar sua mão vindo. Eu não havia sido preparada no meu treinamento para fazer companhia a distância a pessoas à beira da morte. *Esteja presente*, eu disse a mim mesma.

— Todos te amamos muito, tia Bev — comecei a falar. — Queremos te agradecer por tudo.

Meu irmão e eu nos revezamos para expressar nossa gratidão pelas inúmeras maneiras como ela estivera presente por nós e por outros ao longo da vida. Falamos sobre a infância dela no lago, da mudança para uma base de treinamento da Marinha com os pais depois do ataque a Pearl Harbor, dos anos que ela passara lecionando na faculdade, das férias com nossa família. Quando tia Bev parecia incomodada, nós a guiávamos em uma espécie de meditação.

— Relaxe a testa, tia Bev. Relaxe os músculos atrás dos olhos, o maxilar...

O tempo passava mais devagar, e eu me senti relaxando também.

Alguém da equipe entrou e disse ao meu irmão que seu tempo tinha acabado. O que parecera um longo tempo ao lado de tia Bev na verdade não chegara a uma hora, e tínhamos que deixá-la. Como se despedir definitivamente em um momento assim? Meu irmão e eu fizemos a única coisa em que conseguimos pensar: deixamos tia Bev aos cuidados daqueles que tinham ido antes dela.

— Bud e Alice estão por perto — dissemos, nos referindo a nossos pais. E sobre nossos avós: — Sua mãe e seu pai também.

Mencionei ainda o cachorro preferido dela, Laddie.

— Estão todos aqui com você — meu irmão disse. — E amam você, como nós amamos.

Para mim, a respiração dela era imperceptível agora. Eu me dei conta de que, com minha tia Bev morrendo, meus irmãos e eu subiríamos em uma escada invisível e nos tornaríamos os mais velhos da família. Meu irmão apertou a mão de tia Bev pela última vez, com a própria mão protegida por uma luva.

— Fizemos o melhor que podíamos — eu disse a David quando ele voltou ao carro. Embora tivesse sido diferente de qualquer despedida por que havia passado, eu sabia que era verdade. Podemos fazer coisas extraordinárias quando guiados pelo amor.

Tia Bev morreu na manhã seguinte. Não havia ninguém ao lado de sua cama, mas tive a sensação inabalável de que ela não estivera sozinha. Quando fosse seguro nos encontrarmos, faríamos uma pequena cerimônia para ela, sob o azevinho à beira do lago.

Mas, antes, eu participaria de outra cerimônia fúnebre.

pós-escrito: cerne

Fui convidada, como pastora interconfessional, a fazer uma bênção durante o enterro em vala comum realizado na ilha Hart, uma faixa de terra desabitada no Bronx, no estuário de Long Island. Diante da escalada de mortes, a cidade de Nova York tomou a decisão de usar o terreno como cemitério público para os homens e as mulheres cujo corpo não fora reivindicado para um enterro privado. Um pastor que eu conhecia havia perdido quarenta e quatro membros de sua congregação, a maioria pessoas de comunidades carentes que realizavam trabalhos que as deixavam desproporcionalmente vulneráveis ao vírus.[24] Como elas, outras que iam ser enterradas na ilha Hart tinham enfrentado dificuldades e discriminação incalculáveis ao longo da vida.

A cerimônia seria virtual. Apenas o capelão municipal estaria presente fisicamente. Ele apontou a câmera do celular para um memorial de granito simples, dedicado ao mais de um milhão de pessoas que haviam sido enterradas ali desde 1869. Pedras maiores e menores tinham sido deixadas sobre o monumento, sob influência da maneira judaica de demonstrar respeito pelos mortos.

As preces interconfessionais seriam o foco da cerimônia, de modo a refletir a diversidade das pessoas que haviam morrido. Eu tinha escrito uma bênção que reconhecia o povo original da ilha, muito antes que ela fosse comprada através de um acordo com um proprietário de terras endinheirado.[25] Urso Generoso me ensinara a sempre demonstrar respeito por aqueles que vieram antes. As estrelas, ele me recordara, eram as fogueiras dos ancestrais. Também agradeci ao vento, à água, ao céu e à Mãe Terra, por receber os filhos que eram devolvidos àquele solo sagrado.

— Ela recebe a todos igualmente — eu disse —, independentemente de onde vieram e das circunstâncias que os trouxeram até aqui.

Enquanto falava, eu via a espuma na superfície da água e os pássaros passarem voando pelo enquadramento. Havia uma beleza selvagem na cena, que parecia mais viva que morta. A cerimônia foi curta, mas longa o bastante para transmitir que, além da dor e da injustiça que envolviam a história de tantos mortos, um sentimento de dignidade e de valor fundamental persistia em relação a eles. Uma fileira de árvores altas esvoaçou a distância, como se estivessem todas se curvando — o cerne da ilha Hart.

Uma última história, uma última árvore.

Quando eu tinha dezessete anos, meu pai levou nossa família à Inglaterra, para conhecer os pais, as irmãs e os sobrinhos de Maureen. Fiquei tão encantada com a perspectiva de conhecer a terra de contos de fada onde a princesa Diana e o príncipe Charles haviam se casado apenas alguns anos antes que nem pensei em como nossa peregrinação familiar era incomum. Afinal, fazia mais de duas décadas que Maureen havia caído do barco para as águas cristalinas do rio Housatonic.

Hoje, considerando a idade que meus pais tinham quando nos levaram, vejo que meu pai deve ter pensado na viagem como uma oportunidade de demonstrar sua ligação e sua lealdade a ambas as famílias, a nossa e a de Maureen. Minha mãe focara sua atenção em ligar para a agência de viagens e reservar nossas passagens. Depois, ela me contou que estava decidida a engolir qualquer receio ou desconforto que tivesse em relação à viagem, pensando no bem maior de permitir que meu pai encontrasse a cura de que necessitava.

Chegamos de trem a High Wycombe, uma cidade interiorana a noroeste de Londres. Os pais de Maureen ainda moravam na casa em que ela havia crescido. Eu me lembro de uma ruazinha comercial com carros estacionados de ambos os lados. Tudo ali parecia estrangeiro, até mesmo fantástico.

A mãe de Maureen saiu à porta para nos receber. Ela ficou parada, em silêncio, esforçando-se para sorrir, enquanto nós cinco nos aproximávamos dos degraus da entrada. Olhou para George, David e eu, talvez pensando nos netos que teria se Maureen não tivesse morrido. O pai de Maureen lidou com nossa presença de modo diferente. Deu um beijo em mim e na minha mãe e trocou apertos de mão firmes com meus irmãos e meu pai, depois o puxou para um abraço caloroso.

pós-escrito: cerne

Meus pais tomaram chá com os pais de Maureen enquanto os sobrinhos dela entretinham o restante de nós, no andar de cima. Só me lembro de tentativas adolescentes desconfortáveis de encontrar coisas em comum. Aparentemente, ninguém mais queria falar do casamento real.

— Vocês praticam algum esporte? — os sobrinhos perguntaram a meus irmãos, que fizeram que não com a cabeça. — Não jogam nem futebol? — perguntaram, incrédulos. Então comentaram algo sobre a rivalidade entre Inglaterra e França, que não fazia parte de nosso mundo. Pelo menos tínhamos entendido que não era a futebol americano que se referiam.

Depois de um tempo, meu pai nos chamou lá de baixo. O pai de Maureen nos guiou até a porta dos fundos, que dava para um quintalzinho cercado por uma sebe. No meio, havia um freixo solitário. À primeira vista, era uma árvore como qualquer outra.

— O que estão vendo ali? — o pai de Maureen perguntou, virando para mim. Todo mundo, incluindo eu, olhou para cima. Eu não sabia a resposta. Protegendo os olhos do sol alto do verão, minha mãe foi a primeira a ver.

— Minha nossa, a árvore está cheia de rosas!

Apertei os olhos e elas entraram lentamente em foco; dezenas e dezenas de rosas floresciam em meio à copa de folhas verdes, contrastando corajosamente contra o céu bem azul.

A mãe de Maureen baixou os olhos para os próprios sapatos e passou as costas da mão nos olhos. O pai de Maureen disse:

— Quando Maureen voltou para casa, depois do casamento, desfez o buquê e plantou mudas debaixo da árvore. Elas enraizaram, à luz do sol.

Eu me lembrei da fotografia de Maureen com o pai, entrando pelo cemitério da igreja, com um buquê de rosas e lírios-do-vale nas mãos. O pai de Maureen se ajoelhou debaixo da árvore e passou os dedos pelo solo.

— Com um pouco de cuidado, temos rosas todo ano.

Os olhos da minha mãe se encheram de lágrimas. Foi como se eu pudesse ver seu coração enorme ficando ainda maior que no início da nossa jornada.

— Sua rosa inglesa — ela disse, olhando com carinho para a mãe de Maureen.

— Fico muito feliz que George tenha se casado com você — o pai de Maureen disse, abraçando minha mãe. A mãe de Maureen ergueu os olhos e assentiu, quase imperceptivelmente.

Penso naquela árvore com frequência, em suas raízes profundas, em seus galhos fortes, em sua copa verdejante. Mais que tudo, penso em seu cerne e no que representa na minha vida. O miolo daquela árvore miraculosa, cujo centro se expandiu ao longo dos anos para incluir não apenas Maureen, mas os pais dela, e os meus, e muitos outros — forte o bastante para dar vida a todos que vieram depois. Através deles compreendi a mim mesma, pude me manter firme e decidida, ao mesmo tempo que flexível o bastante para balançar ao vento dominante da vida.

Não sei de fato o que acontece depois da morte. Mas acredito nisto: assim como uma árvore é feita de sua vida e de sua morte, de seu começo e de seu fim, nós também somos. Algum dia, com o tempo e certa graciosidade, cada um de nós, individualmente, vai formar seu cerne. E, nessa formação, sustentamos os que vierem depois de nós. Eu serei o cerne de alguém um dia. Assim como Dave, Evan e Drew. E, se os meninos escolherem ter filhos, meus netos também vão se tornar cerne, no futuro distante, abraçados pelos anéis de crescimento sempre se expandindo à sua volta. No fim das contas é tudo muito natural e, ao mesmo tempo, comum e transcendente.

Há algo mais. Se nos sairmos bem, se cuidarmos de nossa vida, regando o solo, atentando aos espinhos e nutrindo a lembrança de nossos entes queridos, talvez venhamos a compreender o luto como uma expressão do amor. E, um dia, esse amor pode até fazer rosas florescer.

agradecimentos

Minha gratidão vai primeiro para vocês, os leitores que abriram a primeira página de *Cerne* e embarcaram comigo em uma jornada de perda e amor. Em uma cultura com medo da morte, compartilhar esse tipo de história é importante. Vocês me dão esperança.

No coração deste livro estão minha família, meus amigos e os pacientes a quem pude fazer companhia mesmo que por um breve período, no fim da vida. Sou grata a todos eles. Também agradeço a seus entes queridos que me permitiram fazer parte de sua história. Um obrigado especial a Dave Donati e toda a família Palladino, Gary Vineberg e Cathy Clark, Jon Drescher e a família Bell.

Eu também gostaria de agradecer às pessoas que trabalham profissional e voluntariamente com cuidados paliativos, e a familiares de toda parte que se encarregam dos cuidados de alguém doente dia após dia. Em especial, agradeço à Visiting Nurse Service of New York, que me treinou e foi o lugar onde pude oferecer meu próprio serviço como voluntária.

Há muitas pessoas envolvidas no processo de escrita de um livro. Tudo começou com Debra Baida e Sven Eberlein, que se sentaram comigo diante do computador e me instruíram a começar um blog sobre meu experimento de 365 dias. Cindy Cooper me incentivou nesse processo, fazendo perguntas na hora certa e permitindo que eu dividisse meu primeiro capítulo com outras pessoas em sua sala de estar. Foi Whitney Frick, com entusiasmo sincero pela história da minha amizade com Marisa — publicada inicialmente no maravilhoso site *Modern Loss* —, quem me fez começar este livro. A sempre sábia Arielle Eckstut me levou a minha intrépida agente, Miriam Altshuler, da DeFiore and Company. Miriam não só me guiou pela longa estrada da publicação como está sempre um passo à minha frente em sua jornada como mãe, e foi muito generosa em compartilhar sábios conselhos em ambas as frentes.

Encontrei minha casa editorial na Flatiron Books, sob Bob Miller e minha editora, Sarah Murphy. Ela é ótima em enxergar o cerne da escrita e compreendeu em um instante do que tratava este livro. Ela me deu permissão para convidar a morte a entrar pela porta da frente quando eu mesma ainda tentava forçá-la a entrar pelos fundos. Não tenho nem como agradecer à sabedoria de Bryn Clark, Megan Lynch e Lauren Bittrich, ou a Sydney Jeon, todas da Flatiron, que tornaram este processo muito agradável.

Obrigada a minhas companheiras de escrita, Jane Praeger e Lynn Love. Ao longo dos anos, nosso trio se reuniu em inúmeras conversas, sessões de escrita e retiros próprios. Nosso relacionamento tem sido um presente, em termos de sinceridade e amizade.

Meu querido amigo Allston James, escritor, dramaturgo, pintor e professor, se encontra em uma categoria só dele. Allston, sua companheira Rachel Weintraub e eu passamos inúmeras horas no café do Rubin Museum, discutindo incansavelmente detalhes de nossa vida. Tenho uma dívida com ambos por seu amor, por me ouvirem e por todos os lattes.

Agradeço aos queridos amigos que ofereceram seu encorajamento e seus conhecimentos ao longo dos anos. Sou especialmente grata a John Charles Thomas, por seu olho de lince e seu humor, e a Emily Russell, que tem um coração enorme e um intelecto à altura, uma combinação que não tem preço. Anos da minha vida foram enriquecidos por minhas amigas de faculdade Lisa Goldberg, Joy Stankowski, Lisa Clancy, Jessica Barest e Shuchi Stanger. Merle Kailas, Carolyn Barber, Matthew DeMaio, Nancy Lasher, Jordan Hamowy, Laurie Gwen Shapiro, Tina Rosenberg, Scott Drosselmeier, Nomi Naeem, Lisa Williams e Rich Jacovitz, vocês sempre foram muito bonzinhos de me deixar falar o quanto queria! Meu amor infinito a toda a família Zier. Fico simplesmente encantada com a inteligência, o carinho e a sabedoria de meus amigos e seus companheiros, principalmente Jayne Riew, uma pessoa linda e criativa, generosa o bastante para ler os primeiros capítulos deste livro.

agradecimentos

Inventei a palavra "amilegas", para reunir amigos e colegas que conheci ao longo da vida e estão comprometidos com a justiça e o bem-estar de todos. Agradeço a todos os premiados e curadores do Civil Courage Prize, e aos ativistas e às organizações sem fins lucrativos com quem tive o privilégio de trabalhar ao longo de 25 anos. Meu respeito por Consolee Nishimwe não tem limites. Um agradecimento especial a Susan Wynn Kayne, minha amiga e sócia na EqualShot, e ao pessoal do café da manhã: Jill Savitt, Amy Richards e Julie Kay. Meus companheiros de pós nunca se esquivaram de uma ligação, fosse feliz ou triste, em especial Dana Buhl, Lisa Forehand, Susan Gibson, Angela Scaperlanda Buján e Yasmin Fadlu-Deen. Sue Jaye Johnson e Kim Sillen são ativistas e artistas cujo trabalho criativo incorpora muitas mídias — obrigada por tudo. Meu amor infinito a Anne Hoyt, Jessica Feierman, Mikaela Seligman, Karen Gladbach e Viviana Waisman, que me matavam de rir enquanto percorríamos o Caminho de Santiago.

Obrigada a toda a comunidade One Spirit Interfaith Seminary, desde meus colegas até os talentosos e generosos membros do corpo docente e da equipe de modo geral — que, depois que virei deã, também se tornaram amigos e colegas —, e os alunos que tive o privilégio de acompanhar em sua jornada. Um agradecimento especial ao mais notável grupo de reverendos por seus conselhos na hora certa, principalmente Diane Berke, Sarah Bowen, Elizabeth Friend--Ennis, Dave Munro, Gwendolyn Adam, Catharine DeLong, Jennifer Bailey, Melissa Stewart, Leslie Reambeault e Susan Turchin. Se não fosse o reverendo David Wallace, que percorreu seu próprio caminho de amor e perda com o coração aberto e disposição para a entrega, minha jornada não estaria completa. Reverenda Martha Dewing, que começa toda manhã se perguntando "A quem posso amar hoje?": amo você, intensamente.

Também aprendi com professores incríveis, como Amy Cunningham, Barbara Joshin O'Hara, Sunita Viswanath e a coalização Sadhana, Joan Sadika Block, Murshida Khadija Goforth, Mirabai Starr e a falecida Annmarie Zhati Agosta, que me recebeu tão bem em minha primeira visita à ordem sufista Nur

Ashki Jerrahi. Também agradeço à Judson Memorial Church e aos reverendos Donna Schaper, Micah Bucey e Valerie Holly, os quais vim a conhecer e respeitar quando era membra do ministério da comunidade. Também sou grata à equipe de cuidados espirituais em caso de desastre da American Red Cross-Greater New York, assim como à New York Disaster Interfaith Services.

Minha vida foi abençoada com muitos relacionamentos profundos, em especial com minhas irmãs em espírito Michelle Bissanti, Annie Gilson, Vera Smith e Beth Berman, assim como com o filho dela, o compositor Jeff Berman, que me ensinou sobre os sons do cerne. Agradeço às comunidades contemplativas e aos modelos que nutriram meu coração: Insight Meditation Society, Dhamma Dhara, dr. Daniel P. Brown e os falecidos mestres Rahob Rinpoche Thupten Kalsang e sua santidade o 33º Menri Trizin, líder espiritual da tradição tibetana Bön. Também quero agradecer à Zen Peacemakers e a meus amigos da comunidade lacota: Violet Catches, Manny Iron Hawk e Renee Fasthorse-Iron Hawk. Claudia Iron Hawk, acompanho entusiasmada sua ascensão.

Uma grande reverência aos senseis Koshin Paley Ellison e Robert Chodo Campbell. O que vocês criaram no New York Zen Center for Contemplative Care é um modelo de como podemos seguir adiante em meio à dança da vida e da morte. Não tenho palavras para agradecer por tudo o que aprendi com vocês.

A família realmente é o maior tesouro. Meus irmãos, George e David, personificam o que há de melhor em tudo o que aprendemos com nossos pais, e vejo essa bondade refletida em seus filhos: Anna, Cate, Kaia e Forrest. Sou especialmente grata que meus irmãos tenham trazido à minha vida minhas cunhadas, Alyssa e Suzanne, capazes de se sentar com alguém e chorar com entrega, em qualquer lugar e a qualquer hora do dia. Também agradeço por meus sogros, Marvin e Laura, minha cunhada Marla e seus filhos Aaron e Talia, e à dinâmica família estendida de Dave, de costa a costa do país e além do Atlântico.

Finalmente, agradeço a Dave e aos meus filhos. Vocês são minha árvore, minha raiz, meus galhos e minhas rosas.

Evan e Drew, penso com frequência nas inúmeras maneiras como vocês *agradecimentos*

homenageiam seus avós. Eles ficariam muito orgulhosos de cada ato de bondade incondicional com os outros, porque, no fim das contas, esse é o sentido de tudo. Se escrevi este livro, foi principalmente para vocês.

Dave, meu amor... só você poderia se aprofundar comigo nas grandes questões relativas a sentido e propósito e, ao mesmo tempo, lidar tranquilamente com a vida cotidiana — bem como desfraldar os meninos enquanto eu estava em retiros de meditação. Sei que não há garantias quanto a longevidade, mas meu maior desejo é viver até ficar bem velha com você, ambos sentados em cadeiras de balanço em uma varanda em algum lugar.

notas

1   "Anatomy of a Tree", Arbor Day Foundation. Disponível em: https://www.arborday.org/trees/treeguide/anatomy.cfm. Acesso em: 30 out. 2020.

2   Kenneth E. Vail, III, Jacob Juhl, Jamie Arndt, Matthew Vess, Clay Routledge e Bastiaan T. Rutjens. "When Death Is Good for Life: Considering the Positive Trajectories of Terror Management". *Personality and Social Psychology Review*, publicado on-line em 5 abr. 2012. Disponível em: https://journals.sagepub.com/doi/10.1177/1088868312440046.

3   Discurso inaugural de Steve Jobs, CEO da Apple e da Pixar, em 12 jun. 2005, Universidade Stanford. Disponível em: https://news.stanford.edu/news/2005/june15/jobs-061505.html. Acesso em: 22 jun. 2020.

4   LAQUEUR, Thomas W. "Beneath the Yew Tree's Shade". *The Paris Review*, 31 out. 2015. Disponível em: https://www.theparisreview.org/blog/2015/10/31/beneath-the-yew-trees-shade/.

5   Sherwin Nuland, e-mail à autora, 18 abr. 2013.

6   SCOTT, Janny. *A Singular Woman: The Untold Story of Barack Obama's Mother*. Nova York: Riverhead, 2011. p. 353.

7   "The Psychological Impact of Infertility and Its Treatment". *Harvard Mental Health Letter*. Disponível em: https://www.health.harvard.edu/newsletter_article/

The-psychological-impact-of-infertility-and-its-treatment. Acesso em: 22 jun. 2020.

8   "Death", Patra Chosnyid Skybamedpa. Disponível em: http://www.meherbabadnyana.net/life_eternal/Book_One/Death.htm; http://www.meherbabadnyana.net/life_eternal/Copyrights.html. Acesso em: 2 nov. 2020.

9   Ibid.

10   EMERSON, Edward Waldo. *Henry Thoreau, as Remembered by a Young Friend*. Nova York: Houghton Mifflin, 1917. p. 116-7.

11   *Ibid.*, p. 117.

12   "Henry David Thoreau", Poetry Foundation. Disponível em: https://www.poetryfoundation.org/poets/henry-david-thoreau. Acesso em: 21 jun. 2020.

13   ROSHI, Joan Halifax. "The Nine Contemplations of Atisha". Upaya Zen Center. Disponível em: https://www.upaya.org/dox/Contemplations.pdf. Acesso em: 21 jun. 2020.

14   "Buddhism: The Essential Points", uma palestra de Joseph Goldstein, 9 abr. 2013, Vimalakirti Centre of Buddhist Meditation. Disponível em: http://www.vimalakirti.org/wp-content/uploads/2013/05/Joseph-essential-points.pdf. Acesso em: 22 jun. 2020.

15   JONES, Frederick Robertson. "The Colonization of the Middle States and Maryland". *In*: LEE, Guy Carleton (Org.). *The History of North America*, v. IV. Filadélfia: George Barrie & Sons, 1904. p. 33.

16   GOLD, David L. *Studies in Etymology and Etiology: With Emphasis on*

Germanic, Jewish, Romance and Slavic Languages. Alicante: Publicaciones de la Universidad de Alicante, 2009. p. 110.

17   AKERLEY, Samuel. *Reports of Hospital Physicians: and Other Documents in Relation to the Epidemic Cholera*. Org. de Dudley Atkins. Nova York: Board of Health, 1832. p. 112-49.

18   "Lost Bird of Wounded Knee", South Dakota Public Broadcasting. Disponível em: https://sdpb.sd.gov/Lostbird/summary.asp. Acesso em: 21 jun. 2020.

19   O'BRIEN, Brendan; KEITH, Stephanie. "Great-Great-Grandson of Wounded Knee Commander Asks for Forgiveness". *Reuters*, 7 nov. 2019. Disponível em: https://www.reuters.com/article/us-usa-apology-nativeamericans/great-great-grandson-of-wounded-knee-commander-asks-for-forgiveness-idUSKBN1XI05I.

20   Associated Press, "Near Death, Seeing Dead People May Be Neither Rare Nor Eerie", *U.S. News & World Report*, 7 jul. 2018. Disponível em: https://www.usnews.com/news/healthiest-communities/articles/2018-07-07/near-death-seeing-dead-people-may-be-neither-rare-nor-eerie.

21   [Tradução livre] "Eldelvais, edelvais, toda manhã você me cumprimenta." Edelweiss. [letra] Oscar Hainmerstein II; [melodia] Richard Charles Rodgers. Música compõe trilha sonora do filme *A noviça rebelde*, 1965. (N.E.)

22   [Tradução livre] "Flor de neve, que você viaje e cresça, viaje e cresça para sempre." [letra] Oscar Hainmerstein II; [melodia] Richard Charles Rodgers. Música compõe trilha sonora do filme *A noviça rebelde*, 1965. (N.E.)

23   NULAND, Sherwin. "Facing Death", entrevista por Web of Stories, segmento 55, áudio 00:01. Disponível em: https://www.webofstories.com/play/sherwin.nuland/55.

24   SHOICHET, Catherine E.; BURKE, Daniel. "This New York Pastor Says His Parish Lost 44 People to Coronavirus". *CNN*, maio 2020. Disponível em: https://www.cnn.com/interactive/2020/05/us/new-york-church-coronavirus-deaths-cnnphotos/.

25   MEIER, Allison C. "Pandemic Victims Are Filling NYC's Hart Island. It Isn't the First Time". *National Geographic*, 13 abr. 2020. Disponível em: https://www.nationalgeographic.com/history/2020/04/unclaimed-coronavirus-victims-being-buried-on-hart-island-long-history-as-potters-field/#close//www.vimalakirti.org/wp-content/uploads/2013/05/Joseph-essential-points.pdf.

SUA OPINIÃO É MUITO IMPORTANTE

Mande um e-mail para **opiniao@vreditoras.com.br**
com o título deste livro no campo "Assunto".

1ª edição, mar. 2022

FONTE   Garamond Premier Pro Regular 11/16,3pt;
           Neutraface Text Demi 12/16,3pt
PAPEL   Ivory Cold 65g/m²
IMPRESSÃO   Geográfica
LOTE   118374GEO